강소기업은 어떻게 만들어지나

내가 하려는 이야기는 비즈니스를 하는 데 있어서 작은 나사와 같은 것이다. 거창하고 복잡한 경영학 이론들은 치열한 비즈니스 현장을 뛰고 있는 내게 그다지 큰 도움이 되지 못했다. 이 책은 치열한 비즈니스 전투 현장을 담은 사업 경험담이다.

작지만 강한 기업의 생존 방식이 궁금한 사장들을 위한 **실전 경영학**

최용석 지음

아라크네

들어가는 말

외로운 사장들을 위한 실전 경영학

사장은 외로운 자리다.

회사의 운명을 짊어지고 있지만 깊고 깊은 고민은 그 누구에게도 얘기하기 어렵다. 회사의 비전도 혼자서 만들어 내야 한다. 회의시간마다 산재한 문제들이 쏟아져 나와 결정을 기다리는데, 그 결정을 보류하면 우유부단한 사람으로 인식되고 결정을 빨리하면 신중하지 못한 사람이 된다. 사장은 신神이 아니건만, 결정했던 것을 번복하면 리더로서의 자질을 의심받기까지 한다. 그럼에도 불구하고 사장은 매일 그리고 매순간 의사결정을 해야 한다.

돈 문제로 넘어오면 문제는 더 심각해진다. 직원 한 명을 채용할 경우, 그 가족까지 생각하면 보통 4인 가정의 생계가 걸려 있다. 그들의 생활비가 되는 월급을 보장해 주는 것은 사장으로서의 당연한 책임이자 의무이다. 직원들에게 월급을 많이 주고 싶지 않은 사장은 없다. 그러나 정말 월급을 올려 주고 싶어도 회사 매출은 제자리다. 직원들을 더 충원하고 싶어도, 그로 인해 증가하는 고정비용에 비례해 매출이 더 오른다는 보장도 없다.

능력이 있는 직원들은 일 좀 한다 싶으면 사표를 쓴다. 경쟁사로 옮겨 가면 그나마 낫다. 이전에 근무했던 회사의 사업 아이템과 비슷한 것으로 창업을 하기도 한다. 오죽하면 파나소닉의 고세라 회장이 "자신의 회사를 나간 직원들을 이기기 위해 회사를 더 키워 왔다"라고 고백했을까.

나는 지난 15년간 한국에서 디지털광고대행사를 운영했다. 직원이 한때 150명에 달했으며 연 매출은 600억 원을 넘었다. 전국을 다니면서 해외 인터넷 마케팅 강의를 다녔고, 제4회 대한민국 인터넷광고대상에서 한국인터넷진흥원장상을 수상하기도 했다.

아르바이트생 1명을 두고 조그만 방에서 시작한 사업은 15년 만에 업계에서 손꼽히는 광고대행사로 성장하였다. 그렇게 되기까지 참으로 많은 일이 있었다. 30대 중반에 시작한 그 치열한 전투 현장……. 나는 그 경험을 책으로 옮기고 싶었다.

내가 하려는 이야기는 비즈니스를 하는 데 있어서 작은 나사와 같은 것들이다. 거창하고 복잡한 경영학 이론들은 치열한 비즈니스 현장을 뛰고 있는 내게 그다지 큰 도움이 되지 못했다. 경영학 교과서에는 나오지 않는 말도 안 되는 상황이 매일같이 일어나고 그에 따른 결정을 수시로 해야만 했기 때문이다.

  사업을 시작할 당시 나는 조언을 구할 친인척도 없었다. 작은 회사라서 오지 않겠다는 직원을 어떻게 채용해야 할지도 몰랐고, 회사 외형을 키우면 무조건 돈을 버는 줄로 착각하기도 했다. 나는 회사를 운영하면서 매번 중요한 의사결정을 고독하게 홀로 내려야 했고, 그때마다 정말이지 누군가의 조언이 간절했다.

  이 책은 치열한 비즈니스 전투 현장을 담은 사업 경험담이다. 운 좋게 성공한 이야기와 운 나빠 실패한 이야기가 모두 들어 있다. 작지만 강한 기업(강소기업)의 운영 방법이 궁금한 사장들에게 도움이 될 만한 실전 경영학 정도로 봐 주면 좋겠다.

  나는 경영학 이론을 강의하는 교수도 아니고, 경영의 대가도 아니다. 말도 안 되는 온갖 일이 매일같이 벌어지는 비즈니스 세계를 꿋꿋하게 버텨 온 CEO에 불과하다. 나는 그 전투 기간 동안 노동청에 불리어 가기도 하고 검사 앞에도 앉아 보았다. 총탄이 날아다니는 비즈니스 현장에서 정말 치열하게 살아왔을 뿐이다. 나의 사업 이야기를 통해 강소기업 사장들의 마인드와 능력이 업그레이드되는 부분이 있다면 그것으로 족하다.

  7년 전 우연한 기회에 첫 책을 집필했다. 아마추어 작가로서 공전의 히트를 친 『애플의 전략』(2010)에 이어 두 번째 책 『호모 서치엔스의 탄생』(2012)을 썼고, 이번이 세 번째 책이다.

지금은 사업에서 손을 떼고 캐나다의 한적한 시골 동네에 위치한 한 대학교에서 공부를 하고 있다. 젊은 시절 외국에서 유학을 하고 싶었지만 그때는 돈이 없었다. 로열리스트 칼리지Loyalist College에서 지난 학기까지 아트 & 사이언스Art & Sciences를 전공했고, 다음 학기부터는 포토 저널리즘Photo Journalism으로 전공을 바꾸기로 했다. 대학원에서 광고홍보를 전공해 석사 학위를 땄을 때보다 지금의 새로운 도전이 더 좋다. 아침에 일어나면 아이를 학교에 데려다주고, 대학교와 집을 오가며 공부하고, 캐나다인 친구들과 소소한 이야기들을 나누면서 즐겁게 지낸다. 숲에서 나오니 숲이 더 잘 보인다.

새로 사업을 시작하거나 이미 시작한 사업이 잘 풀리지 않아 힘들어하는 사장들에게 이 책이 작은 이정표 역할을 한다면 그것으로 충분히 기쁠 것 같다.

그동안 묵묵히 지켜봐 주고 기다려 준 우리 가족들에게 이 책을 바친다. 토론토대학에 다니는 큰딸 유리와 베이사이드 세컨드리스쿨(우리나라의 고등학교에 해당)에 다니는 둘째딸 유진, 그리고 아내에게 감사하다. 특히 원고를 탈고하는 과정에서 아내의 도움이 컸다.

캐나다 벨빌에서
최용석 씀

차례

들어가는 말　외로운 사장들을 위한 실전 경영학　　　004

대기업을 따라하지 마라

충성심보다는 능력이다　　　015
업무 평가는 회사의 방향에 맞추어야 한다　　　021
신규 사업은 6개월 안에 승패를 봐라　　　026
중소기업 사장에게 은행은 불가근불가원　　　032
사장이 화내면 직원은 떠난다　　　038
채용 방법부터 바꿔라　　　045

규모가 작다는 게 장점이다

작은 조직으로 시작하라　　　053
조직을 반으로 나누어라　　　057
고정비를 줄여라　　　061
이익공유제로 직원들의 마음을 사로잡아라　　　066
영업은 사장이 직접 챙겨라　　　070

리더로서 사장의 역할

사장은 숫자를 읽을 수 있어야 한다	077
모든 것은 사장 책임이다	081
인재를 잘 활용하는 사장 vs. 인재를 활용하지 못하는 사장	085
사업은 무수한 해고의 연속이다	089
사장과 직원의 차이점	096
장사가 아닌 사업을 하라	100

대체 가능 인력으로서의 사장

일식집을 하려면 사장부터 일식조리사 자격증을 따라	109
사장의 명함에는 힘이 있다	113
경쟁사를 바라보는 시야를 넓혀라	117
사장의 가장 큰 업무는 고민이다	121
필요 없는 인맥은 없다	126
미래 비전은 사장의 몫이다	131

Chapter 5. 조직 관리는 사람 관리다

플래툰 시스템을 잘 활용하면 성과를 두 배 얻을 수 있다   139
직원들을 믿어야 할 경우와 믿지 말아야 할 경우   143
직원들에게 동기부여 시키는 방법   148
학교 성적과 업무 성과는 절대 비례하지 않는다   153
사장이 지켜만 봐도 업무 효율이 올라간다   158
디테일하게 업무를 지시하라   162
임원이 일하지 않는 회사는 망한다   168

Chapter 6. 인사가 만사다

사소한 것을 그냥 넘어가면 큰 사고를 친다   175
칭찬의 양면성을 알라   181
회사의 브랜딩을 통해 파워를 높여야 하는 이유   185
블록형 2인자만 잡아라   189
직원들을 움직이려면 설득의 명수가 되어야 한다   192
부정적인 말을 옮기는 직원은 바이러스다   196

Chapter 7. 문제는 타이밍이다

돈 버는 시스템을 만들어라   205
사업의 터닝 포인트, 그 결정적 순간   210
영업력이 있는 인재를 찾고 뽑아라   214
중소기업에는 독한 리더십이 필요하다   219
직원들을 한가롭게 두면 안 되는 이유   224
중요한 판단은 직원에게 맡기지 마라   227

항상 준비되어 있어야 한다

노무를 모르면 구속될 수 있다 … 233
세무를 모르면 세금 폭탄이 날아온다 … 238
경쟁사 벤치마킹의 이유와 방법 … 244
사장의 브랜드를 키워라 … 248
돈의 섭리를 알아야 돈을 번다 … 252

꼭 알아 두어야 하는 필요 정보들

정부 정책자금을 적극 활용하라 … 259
M&A를 조심하지 않으면 회사를 빼앗긴다 … 264
회사 규모와 순이익은 비례하지 않는다 … 269
스마트폰을 활용한 사장의 시간 관리 … 273
회사의 돈을 사장의 돈이라고 착각하지 마라 … 278
친인척을 멀리하라 … 281
채권 회수는 사업의 기본이다 … 285

마치는 말 편히 쉴 날을 기대하며 … 291

대기업을 따라하지 마라

충성심보다는 능력이다

충성심이 가득한 직원이 있다면 사업이 잘될 것이라고 생각하는가? 만약 사업을 시작하는 단계이거나 중소기업이라면 난 강력하게 말할 수 있다. 결론부터 말하면 '아니다'이다.

능력이 받쳐 주어야 한다. 강소기업에서 필요한 인재를 고를 때 충성심과 능력, 둘 중 하나만을 선택하라고 한다면 내 답은 당연히 '능력'이다.

현대 사회에서 직원에게 무한 충성심을 요구해서는 안 된다. 직장 내 충성심을 강조하던 1970~80년대는 평생고용의 시대였다. 그래서 '또 하나의 가족'으로서 직원에게 무조건적인 충성을 강요할 수 있었지만, 지금은 그때와 다른 시대임을 인정해야 한다.

하루는 예전 동네에서 알고 지냈던 친구 A가 찾아왔다. A는 자신이 하던 사업이 망해 고향에 내려가 있다고 했다. 그 모습이 딱하기도 하고 사업도 해 보았던 친구이기에 그 경험을 믿고 A를 우리 회사에 채용했다. 또 고등학교 때 공부를 꽤 잘했던 친구 B가 대학 졸업 후 신용정보회사에서 수금 업무를 하다가 퇴사했다는 소문을 들었다. 마침 신사업을 고민하던 중이라 그에게도 우리 회사로의 입사를 제안했다. 그때는 사업이 어느 정도 궤도에 올라가 있었기 때문에 당장은 두 사람의 월급을 주는 것이 그렇게 부담되지 않았다.

우리는 다양한 분야에서 신사업을 개척해 보고자 여러 방면으로 노력했다. 부동산 경매정보 시스템에서부터 애견 장묘 사업 등등 참으로 다양한 사업거리를 검토하면서 1년간의 시간을 흘려보냈다. 하지만 대부분의 아이템들이 조사 단계에서 더 이상 진척되지 못하였고, 결과적으로 제대로 진행된 사업은 단 한 건도 없었다. 결국 지난 1년이라는 시간 동안 회사의 역량을 엉뚱한 곳에 쏟아붓고 나니, 다른 기회들을 잃어버린 셈이 되었다. 그러다 보니 회사에 어려움이 찾아왔다.

무엇을 잘못했던 것일까? 그들은 신사업을 추진하고 성공시킬 만한 업무 능력이 없었던 것이다. 그들은 사업 경험도 있었고 회사와 나에 대한 충성심도 있었지만, 새로운 비즈니스를 완성시킬 만한 능력은 없었던 것이다. 친구들의 우정에 바탕을 둔 충성심에 대한 지나친 확신으로 그들의 능력을 냉정하게 판단하지 못했던 것이다.

능력이라는 것은 무엇일까? 서울대학교를 졸업한 사람이 능력자일까, 아니면 사회경험 2~3년 있는 사람이 능력자일까?

어떤 직원이 유능한 직원인지 무능한 직원인지 알아야 하는데, 무엇을 기준으로 유능과 무능을 판단해야 하는지 오랫동안 고민했다. 두 사람의 경력 기간이 같으면 동일한 능력을 가지고 있다고 봐야 하는지에 대해서도 의문을 가졌다.

회사가 경력사원을 뽑는 이유는 그들에게 업무에 대한 교육을 새로 할 필요가 없기 때문이다. 신입사원을 뽑아 교육하는 데 들어가는 비용과 시간을 아낄 수 있다. 그리고 능력이 검증되었다고 보기 때문에 경력자들을 선호한다. 회사에서의 능력이라는 것은 결국 업무 결과를 만들어 내는 능력을 뜻한다.

나는 친구 A가 사업을 해 보았다는 경력을, 또한 친구 B가 좋은 대학 출신인 것을 능력이라고 생각했었다. 결과적으로 잘못된 판단을 한 셈이었다.

회사에서 직원 한 명을 뽑게 되면 사채시장에서 고금리 대출을 받는 것과 같다. 사장들을 만나면 한결같이 "왜 이리 월급날이 빨리 오느냐?"는 푸념을 하곤 하는데, 그만큼 직원들의 급여가 사채이자처럼 엄청난 부담으로 다가오는 것이다.

회사를 운영하다 보면 매년 직원의 인사고과를 평가해야 하는 시즌이 온다. 그 시즌이 되면 대다수의 기업들은 직원들의 사기를 생각해 연봉을 올려 주게 된다. 하지만 매출은 정체되어 있는데, 매년 직원들의 급여를 5~7%씩 올려 주게 되면 어떤 일이 발생되는지 아는가?

연봉 3,000만 원을 받는 직원이 있다고 가정해 보자. 그에게 매년 7%씩 급여를 올려 주게 되면 입사 이듬해에는 기업의 부담액이 3,210만 원이 되고, 그다음 해에는 3,434만 원이 되며, 세 번째 해에는 3,675만 원이 된다. 이어 네 번째 해에는 3,932만원이 되고, 다섯 번째 해에는 4,207만 원이 되며, 여섯 번째 해에는 4,502만 원이 된다. 그 금액은 점점 늘어나 10년 차가 되면 대략 5,900만 원 정도가 된다. 회사 매출과 상관없이 직원들의 급여는 연차에 따라 복리이자처럼 오른다는 뜻이다.

만일 중간에 10~20% 정도라도 급여를 올려 주게 되면, 이 복리이자 같은 인건비 부담은 더 가속화된다. 이렇게 줘야 할 급여에 맞춰서 매출도 복리이자처럼 늘어나 주면 좋겠지만, 그런 기업은 극히 드물다.

복리 대출과도 같은 월급을 줘야 하는 회사 상황은 녹록지 않다. 자원은 한정되어 있기 때문에 특정 직원의 급여를 올려 주기 위해선 능력이 있는 직원과 없는 직원을 구분해 과감히 조직 정리에 들어가야 한다. 그런데 능력 있는 직원과 없는 직원은 어떻게 판단해야 할까?

수많은 기업들의 문제는 아부 잘하는 직원을 충성심 높은 직원으로 간주해 그에게 시간을 준다면 회사에 높은 매출을 가져다줄 것이라고 믿는 것에 있다. 그 믿음처럼 지금 당장은 능력이 부족하더라도 충성심 강한 직원이 결국 일도 잘하게 될까? 잘할 수는 있다. 하지만 그 과정에서 다양한 교육과 경험의 기회를 제공해야 하며, 실패에 대한 비용도 치러야만 한다.

그러나 대다수의 강소기업들은 자금 여유가 그렇게 많지 않다. 매출을 올리기 위해 현재 가지고 있는 자금의 대부분을 사용하기 때문이다. 또한 전 직원이 총력전을 펼쳐야 하기 때문에 직원 교육에 신경 쓸 여력도 그다지 없다.

자본력이 충분한 대기업이라면 능력이 좀 부족해도 회사에 대한 충성심이 가득한 직원이 성공할 때까지 교육을 시키고 업무 기회도 주면서 기다려 줄 수 있지만, 중소기업을 운영하는 사장의 입장에서는 투자할 자원도 적고 비즈니스 사이클도 너무 짧아져서 도저히 그렇게 할 수가 없다. 그래서 짧은 시간 안에 직원에 대한 능력을 판단해야만 한다.

나는 앞의 실패를 교훈 삼아 직원들의 업무 능력을 좀 더 자세히 들여다보기 시작했다. 회사의 업무들 중 핵심 업무를 분류했고, 현재의 인재들과 앞으로 회사를 위해 기여할 인재들을 핵심 인재로 분류했다. 그리고 핵심 인재를 뽑기 위해 급여 부분에 좀 더 많은 투자를 했다.

디지털콘텐츠팀을 세팅하면서 관련 업무 경험이 있는 경력자를 외부에서 처음으로 채용했다. 그 경력자는 과거 잡지사에서 일한 경험이 있어서 글도 잘 썼고 일반고객의 생각도 읽어 낼 줄 알았다. 또한 그는 각 대기업의 콘텐츠 마케팅과 관련한 제안서를 쓸 줄 알았고, 기업들이 가장 원하는 부분이 무엇인지도 잘 알고 있었다.

그가 팀 내에서 자리를 잡자 혁혁한 성과들이 나오기 시작해 이름을 들으면 알 만한 대기업들로부터 마케팅 의뢰가 쏟아졌다. 회사의 사업 추진 방향과 자신이 경력 관리를 해 온 부분이 일치하니 일 처리에 거칠 것이 없어 최대치의 능력을 발휘했던 것이다.

전문 산악인들이 전 세계의 수많은 고봉을 등정할 때 세르파들의 도움을 받는 이유는 세르파들은 이미 그 길을 가 보았기 때문이다. 마음만 앞서서는 해 보지 않은 일을 잘할 수 없다. 충성심도 당연히 필요하다. 다만, 회사를 운영하면서 능력과 충성심 사이에서 고민해야 할 상황이 생기면 이 부분을 참조해 보길 바란다.

업무 평가는 회사의 방향에 맞추어야 한다

 옛말에 '인사가 만사'라고 했다. 적재적소에 필요한 직원을 채용하면 회사의 성과도 올라간다. 그런데 인재를 채용하는 것은 비즈니스의 시작일 뿐이다. 이렇게 채용한 인재를 회사의 이익에 부합되도록 잘 관리해 나가는 것이 채용 못지않게 중요하다. 그러나 더 중요한 것은 직원들의 성과에 대한 공정한 평가다.
 처음 사업을 시작했을 때만 하더라도 직원이 우리 회사에 입사만 해 주어도 감지덕지했던 터라 특별히 직원 관리의 필요성에 대해 생각하지 못했다. 하지만 회사 규모가 커지면서 직원들의 숫자 또한 차츰 늘어나게 되자, 더 이상 주먹구구식으로 인사 관리를 해 나갈 수가 없었다.

언젠가부터 매년 초 직원들의 연봉 조정 기간이 끝나면 직원들 사이에서 "이번에 누가 연봉이 많이 올랐다" 하는 소문이 돌았다. 상대적으로 연봉이 적게 올라간 직원들은 사기가 떨어졌다는 이야기도 들렸다.

직원들 간 성과에 대한 평가가 불공정하다는 소문이 돌게 되면 회사에 대한 신뢰도가 떨어진다. 이때가 공정한 인사 평가 시스템이 필요한 시점이다. 나는 대기업과 외국계 기업 등에서 활용하는 인사관리HR 평가 시스템의 도입을 검토하였다.

기업 운영의 중요한 부분 중 하나가 인사 업무다. 인사 업무 중에서도 핵심은 직원들에 대한 업무 평가다. 능력을 기준 삼아 그걸 한다고 하지만, 이게 말처럼 쉽지가 않다.

구글이나 페이스북 등의 글로벌 기업에서는 직원에 대한 업무 평가를 할 때 함께 일하는 동료들의 평가를 포함시킨다. 그들은 중고등학교 시절부터 발표하고 토론하는 문화 속에서 교육을 받았기 때문에 비교적 본인이나 타인에 대해 평가를 내리는 것에 주저함이 없다.

그러나 아무리 좋은 인사 시스템이라고 하더라도 우리나라에 도입되는 순간 평가 절하되고 만다. 특히, 중소기업에서는 인사 고과를 매길 때 본인에 대한 객관적인 평가나 동료에 대한 냉정한 평가를 항목으로 넣게 되는 경우 자칫 직원들 사이에 불신을 키워 오히려 직원들의 사기를 꺾는 결과를 초래할 수도 있다. 우리나라 대다수의 중소기업에서 이런 업무 평가 방식이 맞지 않는 이유는 대기업이나 외국 유명 기업에서 사용하는 업무 평가 시스템을 무조건적으로 적용하려고 하기 때문이다.

직원들에 대한 업무 평가는 능력 있는 인재에게 더 많은 보상을 해 줌으로써 회사 매출에 좀 더 많은 기여를 해 주기를 바라는 것이 목적이다. 결국 "누구를 핵심 인재로 어떻게 정하는가?" 하는 것이 직원 평가의 핵심으로 볼 수 있다.

영업 관련 부서에 핵심 인재가 있는지 아니면 개발 관련 부서에 있는지, 즉 핵심 인재가 어느 부서에 집중되어 있는지는 누구보다도 사장이 가장 잘 안다. 그리고 만약 핵심 인재가 많은 부서가 영업부라면 매출에 대한 기여도가 절대적인 평가 기준이 될 것이고, 연구개발 부서라면 개발에 대한 기여도가 평가 기준이 될 것이다.

기업을 운영해 보면 자연스럽게 알게 되는 것이지만, 인사 고과를 가장 매기기 쉬운 부서는 영업팀이다. 영업팀은 개인별 매출이 숫자로 정확하게 나오기 때문이다. 그 목표 매출의 달성 여부에 따라 등급을 주면 된다. 우리 회사 같은 경우, A는 7~10%, B는 물가상승분 정도, 즉 3~4%, C는 동결이었다. 매출 기여도가 아주 높은 경우에는 별도로 S등급을 부여해 더 많은 연봉을 지급하였다.

하지만 지원부서로 분류되는 전산팀이나 총무팀 같은 경우에는 매출 기여도를 직접적으로 판가름할 수 없다. 그래서 정량적인 체크로는 힘들고 정성적인 체크를 해야 하는데, 그 정성적인 체크가 그야말로 주관식 시험과도 같은 것이다. 이러한 경우 겉으로 보이는 실력만으로 그 사람의 역량을 정확하게 파악해 내기란 쉽지 않다.

그래서 해당 부서의 직원이 적을 경우에는 공식적인 인사 평가는 진행하지 않고, 직원이 희망 연봉을 써내면 사장인 내가 그 직원과 면담해서 이듬해 연봉을 책정하였다. 하지만 각 부서별로 직원이 점차 늘어나고 팀장급의 중간관리자가 생기면서부터는 직원과의 면담만을 기준으로 사장인 나 혼자서 인사 평가를 한다는 것이 한계를 보이기 시작했다. 이에 보다 객관적인 기준이 필요해졌다.

우리 회사는 사업 초반 영업매출이 매우 중요했었기 때문에 매출액과 매출에 대한 기여도를 중심으로 한 인사 평가 기준을 만들 수밖에 없었다. 영업부서의 팀원을 제외하고는 주변 동료들이 서로를 평가하게 하고 팀장도 의견을 제시하도록 하였다. 하지만 작은 회사이다 보니 곧 누가 누구를 어떻게 평가했다는 소문이 나면서 직원들 간에 사소한 갈등이 발생하였고, 신뢰도 또한 높지 않아 2년 정도 실행해 보다 결국 그 방식을 중단하고 말았다. 나중엔 1년간의 개인 업무 성과표를 만들어 제출하도록 하고, 거기에 팀장 등 관리자의 인사 고과를 반영해 연봉을 책정했다. 그리고 하위 5%의 매우 낮은 평가를 받은 저성과자들에게는 해당 부서장과의 미팅을 통해 다른 업무를 제안하기도 했다.

직원들의 업무 능력을 평가하는 만능키는 없다. 우리 회사 같은 경우, 매년 인사고과 시즌이 되면 전 직원을 대상으로 지난 1년간 자신의 성과를 작성해 제출토록 했다. 자기가 한 일에 대해 가장 잘 아는 사람은 바로 자기 자신이기 때문이다. 이 과정을 통해 회사에서는 직원의 능력을 한 번 더 들여다볼 수 있었다.

완벽한 업무 평가 시스템이란 없다. 자신의 회사에 맞는 시스템을 만들어 보기를 추천한다. 그리고 이렇게 만들어 놓은 기준을 계속해서 검토하고 문제점이 발견되면 수정해 나가야 한다. 하지만 그것보다 더 중요한 인사 관리법은 직원들과 끊임없이 소통하는 것이다.

신규 사업은 6개월 안에 승패를 봐라

관광객들에게 숙소를 빌려주는 에어비앤비Airbnb, 개인승용차를 택시처럼 사용하는 우버Uber, 재택근무자들을 관리해 주는 임플로이 모니터링 서비스Employee Monitering Service 등은 최근에 등장한 새로운 형태의 사업들이다. 그리고 DVD 대여 사업을 하던 넷플릭스Netflix는 인터넷 변화에 발맞추어 동영상 스트리밍이라는 신사업에 진출함으로써 엄청난 성공을 거두었다. 이렇듯 모든 회사는 지속적인 성장을 위해 신규 사업을 진행한다.

매년 연말 연초가 되면 대기업들은 신규 사업에 대한 투자 계획을 언론을 통해 발표한다. 이를 통해 우리는 올해 현대차나 삼성, LG, SK 등의 투자 금액이 얼마이며, 신규 채용은 몇 명을 계획하고 있다는 내용을 손쉽게 접할 수 있다.

대기업은 어떤 면에서는 1년 내내 신규 사업을 진행한다고 볼 수 있다. 그들이 그렇게 할 수 있는 이유는 무엇보다도 든든한 자본력과 넘치는 인력자원 덕일 것이다.

그들은 대규모 설비를 짓는 데 몇 년에 걸쳐 자금을 투자한다. 공장 하나를 짓는 데만도 1년에서 2년 정도의 시간이 소요되고, 그 공장에 장비를 세팅하고 인력을 보강하고 시스템을 갖추어서 양산 체제를 갖추는 데만도 1년은 걸린다. 처음 기획 단계부터 따지면 최소 3년 이상을 투자하고, 그 이후에 투자분을 회수하는 방식이다. 대기업이라면 이러한 투자 패턴이 맞는데, 이는 증권거래소를 통한 대규모 유상증자 등의 방법으로 자금 조달이 충분히 가능하기 때문이다.

하지만 중소기업의 경우는 다르다. 큰 규모의 사업은 아무래도 힘들뿐더러 설령 순이익이 나고 있다고 하더라도 대기업에 비해서는 투자 여력도 많지 않다. 뿐만 아니라 신규 사업을 할 때에도 투자 규모를 한정 지어야 하고, 그 기간도 시한을 두어야 한다. 이럴 경우, 자칫 매몰비용이라도 발생하면 곤란해진다. 만약 신규 사업의 매출이 장기적으로 부진하게 되면 중소기업은 존폐의 위기에 처하기도 한다.

파괴적 혁신disruptive innovation 이론으로 유명한 하버드대학의 크리스텐 교수에 의하면, 3M, 듀퐁Dupont 등 몇몇 기업의 신사업을 분석해 보니 성공 확률이 50%를 넘지 못했다고 한다. 이러한 어려움과 위험에도 불구하고 기업이 신규 사업을 추진하지 않으면 안 되는 이유는 신규 사업이야말로 기업이 발전해 나갈 수 있는 유일한 길이기 때문이다.

이 때문에 중소기업도 꾸준하게 신규 사업을 진행해야 하며, 또한 그걸 성공시켜야 회사가 더욱더 발전하게 된다. 다만, 신규 사업을 진행하더라도 그 기간이 6개월을 넘어가지 않도록 권한다.

회계상으로 회사가 투여하는 비용과 수익이 일치하는 지점을 BEPBlack Even Point(손익분기점)라고 일컫는다. 즉 수익과 비용이 정확하게 제로가 되는 것을 뜻한다.

신규 사업을 런칭하기 위해서는 우선 수단이 될 만한 아이템이 있어야 하고, 그 아이템을 진행할 조직이 필요하다. 여기에 투여되는 아이템 제작비와 인건비는 적게 잡아도 월 몇천만 원에 달한다. 그래서 사업을 위한 기초비용만도 순식간에 수천만 원에서 수억 원이 들어간다.

그래도 대기업이라면 최소 2~3년간은 버틸 수 있지만, 중소기업은 그럴 수 없다. 그래서 나름의 기준을 정한 것이 6개월이다. 3~4개월 동안만 진행해 보기에는 시간이 절대적으로 부족하고, 9~10개월을 넘길 경우에는 투자금이 기하급수적으로 늘어나기 때문이다. 6개월 전후로 발생되는 매출을 기준으로 이후의 진행 여부를 판단할 수 있어야 한다.

그동안 많은 종류의 신규 사업을 진행해 봤다. 한번은 시장조사를 하다가 외국의 유명한 자동화 솔루션에 대하여 알게 되어, 아이디어도 좋고 해 볼 만하다고 생각해 디지털광고회사인 우리만의 이벤트 페이지 자동화 솔루션을 만들기로 했다.

하지만 절대적인 투자금과 전문 인력의 부족이라는 한계에 부딪혔고, 이로 인해 완성도가 외국의 자동화 솔루션에 비해 한참이나 떨어졌다. 그러다 보니 6개월의 시간을 들여 솔루션을 개발하고 영업을 시작했지만, 계획과는 달리 매출이 크게 발생되지 않았다. 서버 비용과 수개월의 인건비를 감안하면 손해가 막심했지만, 더 큰 손해를 막고자 과감히 그 사업을 정리했다. 몇 개의 사업 아이템이 그런 식으로 탄생했다가 정리되어 갔다.

이처럼 나는 6개월 안에 BEP를 맞출 수 있으면 사업을 진행했고, 아니면 6개월 차에 과감히 사업을 접었다. 물론 좀 더 꾸려 나갔으면 성공했을지도 모른다. 하지만 돌이켜 보건대 그 기간을 기준으로 삼아 철수 여부를 결정한 것이 옳은 판단이었다고 생각한다.

나는 언제나 신규 사업에서 '6개월'의 원칙을 지켰다. 새로운 사업부를 만들든지 신규 아이템을 진행하든지 6개월이었다. 6개월 내에 BEP=0이면 나는 시작했다. 그 신호는 내게 미래의 기회로 다가왔다. 매출을 더 올리면 이익을 낼 수 있다는 희망의 변곡점이었기 때문이다. 그러므로 투여되는 비용 대비 ROIReturn On Investment(투자자본수익률)를 수시로 확인해야 한다.

그리고 나는 신규 아이템이 생각나면, 비록 투자 금액도 적고 투여 인력도 몇 명 안 되는 작은 사업이라 하더라도 반드시 사업계획서를 만들었다. 형식에는 구애받지 않았다. 어떤 때는 파워포인트 형식으로 만들기도 했고, 또 어떤 때는 수첩에 마인드맵을 그리기도 했다. 사업계획서는 오히려 처음부터 너무 거창하게 만들지 않는 편이 좋다고 본다. 더 중요한 것은 자금의 흐름도이다.

신규 사업을 성공시키기 위한 최소한과 최대한의 투자액을 확인하는 것은 매우 중요하다. 또한 매출 발생 시기와 예상 매출 등을 계획하고 준비해야 한다. 향후 1년간의 월별 매출을 적고 6개월만 지켜보면 계속해서 이 사업을 진행해야 할지 말지 가늠하는 데 도움이 된다.

사업계획서를 만들어 놓았다 하더라도 반드시 지금 사업을 시작할 필요는 없다. 가장 좋은 타이밍을 보고 기다리는 것이 중요하다.

만약 신규 사업을 시작했는데 매출이 예측한대로 발생하지 않는다든지 비용이 많이 들어간다든지 하면 약식 사업계획서를 찾아 어디가 잘못되었는지를 꼼꼼히 살폈다. 그리고 6개월 때에 더 이상 BEP=0이 되지 않으면 과감히 사업을 정리하고는 한동안 반성의 시간을 가졌다.

이런 식으로 나는 새로운 분야로의 진출을 시도하였다. 물론 많이 실패하기도 했지만, 그 실패를 바탕으로 몇몇 아이템은 성공시켰다. 그리고 그 성공 덕분에 회사의 캐시카우cash cow를 하나씩 만들어 나갈 수 있었다. 이어 캐시카우 비즈니스를 좀 더 가다듬고 숨 좀 돌린 다음 다시 새로운 비즈니스를 기획했다.

강소기업은 한 가지 주력 아이템만을 가지고 선택과 집중을 하는 것도 좋지만, 서너 개의 사업군에서 매출이 발생하도록 해 주는 편이 훨씬 더 좋다.

중소기업 사장에게
은행은 불가근불가원

절대 은행을 믿지 마라.

이 말은 은행이 나쁘다는 것이 절대 아니다. 은행은 자금이 넉넉한 회사에게 돈을 더 잘 빌려주고, 돈이 없는 회사에게는 대출 상환을 압박하는 것이 새삼스러운 이야깃거리도 아니다. 은행의 신용관리 스코어링 시스템이 그렇게 되어 있다. 은행원들은 은행의 이러한 거대한 시스템 속에서 업무를 진행하는 것뿐이다.

은행은 돈이 곧 재고이자 신상품이다. 그래서 은행은 자신에게 맡겨진 그 돈을 굴려서 어떻게든 이자를 많이 불려 놓아야 한다. 그리고 부실재산은 최대한 빨리 떨어내야 한다. 그것이 '은행'이란 기업이 생존하는 방식이다.

2008년에 한 지식산업센터에 입주하게 되었는데, 그 건물 입주자들을 중심으로 매달 골프 모임이 있어서 나도 이웃한 사장들을 사귀어 두고 싶은 마음에 그 모임에 종종 참석했다. 그리고 마침 1층에 입주해 있던 은행 관계자들도 비즈니스차 그 골프 모임에 참석을 하곤 했는데, 그때 W은행 지점장을 알게 되었다. 이후 몇 번의 모임을 더 가지게 되면서 그와 좀 더 친해졌고, 사석에서도 비즈니스 얘기를 자연스럽게 하게 되었다.

그러던 어느 날 W은행 지점장이 우리 건물에 급매로 나온 사무실이 있는데, 그걸 경매 집행 전에 사 두면 돈이 될 것이라며 나에게 매매를 적극 권했다. 하지만 당시 우리 회사에는 여유 자금이 없었다. 이 때문에 정중하게 거절을 하니, 지점장은 엔화 금리가 무척 저렴하니까 자기네 은행에서 계약금을 뺀 잔금 전체를 엔화 대출해 주겠다는 제안을 해 왔다. 계약금 10%만 있으면 90%를 대출해 준다는 조건이었다. 100엔에 850원 하던 시절이었고 금리도 매우 저렴해서 나는 좋은 조건이라는 생각이 들었다. 결국 나는 대출 계약서에 사인을 했다. 하지만 그것이 악몽의 시작이란 사실을 당시에는 몰랐다.

그로부터 1년이 지나자 엔화가 점점 오르기 시작하더니 결국 3년이 지나서는 100엔에 1,400원까지 올라섰다. 이로 인해 갚아야 할 원금이 엄청나게 늘어났고, 은행에서는 추가 담보 설정을 요구하였다. 하루가 다르게 갚아야 할 원금과 이자가 계속해서 늘어나다 보니 밤에 잠을 이루지 못할 정도로 고통스러웠다.

나중에 알고 보니 그 사무실은 W은행의 대출금 이외에도 타 금융기관으로부터 받은 대출금을 상환하지 못한 상태라 부도 처리돼 곧 경매에 넘어갈 상황이었다. 은행에서는 부실자산 처리가 되면 대출금을 100% 다 받을 수 없기에 그 사무실 대출 담당자였던 지점장은 자신의 책임을 피하고자 나에게 적극적으로 매매를 권했던 것이었다. 그 지점장은 그 사무실 매매를 진행한 직후 바로 다른 지점으로 옮겨 갔으며, 그 이후에는 연락도 잘 되지 않았다.

중소기업 사장들에게 정보는 생명이다. 엔화 상승으로 갚아야 할 빚이 점점 늘어나서 한창 힘들어하고 있을 때 주변에 물어보니, 내가 대출받았던 그즈음에는 다들 엔화가 향후 오를 것으로 예측을 하던 때라서 대부분의 은행에선 엔화 대출을 권하지 않았다고 한다. 그 지역으로 사무실을 이전한 지 얼마 되지 않아 정보가 전무한 상태에서 내가 당하고 만 것이었다. 세상에 은행이 사기를 치다니……. 돈을 빌려 가서 안 갚는 것만 사기가 아니다. 정보가 부족한 사람을 대상으로 수억 원의 손실을 입히는 것도 사기다. 은행은 그 손실을 피했고, 나는 그 손실을 고스란히 받았다.

은행에서는 리스크를 지려고 하지 않는다. 은행에게 있어 돈은 상품일 뿐이다. 확실한 담보 없이 은행에서 돈을 빌리는 것은 하늘의 별 따기란 사실을 잊지 마라.

은행 적금은 서민들의 목돈 마련 창구다. 그래서 많은 사람들이 은행에서 적금을 가입한다. 만일 1년 만기에 1,200만 원짜리 적금통장을 만들 때 5%의 이자를 준다고 하면 사람들은 보통 만기 때 1,260만 원을 받는 줄 안다. 하지만 그건 연이율을 잘못 이해한 착각일 뿐이다.

첫 달에 불입한 100만 원은 5%의 이자를 전부 받는다. 하지만 두 번째 달에 불입한 100만 원의 이자는 4.5%만 받는다. 11개월 동안만 은행에 넣어 두었기 때문이다. 그리고 세 번째 달에 불입한 100만 원은 10개월만 넣어 두었기에 4.1%를 받는다. 이런 식으로 따져 보면 결국 3% 남짓 이자를 받는 셈이다. 하지만 이마저도 이자의 15.4%를 소득세로 내야 한다.

더군다나 최근에는 저금리 시대라 1~2% 이율밖에 나오질 않는다. 적금을 들어서는 답이 나오지 않는다. 은행도 마케팅을 한다는 사실을 잊지 마라.

사업을 하다 보면 반드시 은행과 거래를 하게 된다. 아니 필수적으로 해야 한다. 100% 자신의 돈으로 비즈니스를 하는 것은 어리석은 일이다. 은행 대출을 잘 활용하면 비즈니스의 규모를 두 배로 키울 수 있다. 경제학에서 말하는 자본의 레버리지 효과가 있기 때문이다.

경기도에서 시작한 사업이 점차 규모가 커져 사무실을 좀 더 넓은 곳으로 이전하고자 하였으나, 자금이 절대적으로 부족했다. 이 때문에 서울 구로디지털단지에 사옥을 마련하면서 은행 대출을 받았다. 다행히도 그 지역이 벤처기업 육성단지여서 은행에서 주는 혜택들이 많았는데, 그것들이 큰 도움이 되었다. 이런 것들은 은행을 이용하면 받게 되는 좋은 혜택이기도 하다. 자본의 레버리지 혜택은 은행의 존재가 아니면 받기 어렵다.

하지만 은행과의 거래는 공정한 비교를 통해서 하길 바란다. 은행에서 취급하는 상품이 곧 돈이다. 거래 조건에 따라 그 상품을 더 잘 활용할 수 있다.

거래하는 은행이 한두 군데는 있을 것이다. 때로는 아는 사람이 은행에 있을 수도 있다. 학교 동창일 수도 있고 사회에서 알게 된 친구일 수도 있고 후배일 수도 있다. 대출받을 때 그들을 통하면 좀 더 좋은 조건으로 쉽게 받으리라 생각하고 부탁을 하기도 한다. 그러나 결과적으로 꼭 그렇지만은 않다.

언젠가 친구에게서 전화가 온 적이 있었는데, 그는 우리 회사의 대출금을 자신이 근무하는 은행으로 이전해 주면 매우 좋은 조건으로 대출을 진행해 주겠다고 하였다. 그는 현재 거래하는 은행보다 대출 이율을 엄청 저렴하게 해 준다고 했다. 이에 기존의 거래 은행보다 이율이 낮기도 하고 친구이기에 알아서 배려를 해 주지 않을까 하는 마음에 은행을 변경했다. 처음 몇 개월은 혜택을 보는 듯했다. 하지만 해가 바뀌자 이자는 다시 높아졌다. 이유는 회사의 재무제표 때문이라는 것이었다.

이후 어쩔 수 없다는 은행 담당자의 연락만 올 뿐, 친구와는 연락도 잘 되지 않았다. 간혹 연락이 되었을 때에도 미안하다는 말과 함께 신규 상품을 들어 달라, 직원들 급여계좌와 퇴직연금을 자기네 은행으로 변경해 달라는 등의 부탁만 했다. 비즈니스는 비즈니스다. 나는 과감히 거래 은행을 다시 기존의 단골 은행으로 바꿨다.

이 사건과 엔화 대출 사건 이후 난 은행을 좋은 시선으로 바라보지 않게 되었다.

이자는 은행마다 다르다. 그리고 같은 은행이라도 지점에 따라서 조건과 이율이 조금씩 달라지기도 한다. 대출 이율이 동일하다면 계좌 이체수수료 면제나 회사 직원의 대출 시 우대 조건, 다양한 부가 서비스 등을 확인해 보기 바란다. 이는 은행과의 거래 전에는 물론이거니와 거래 중이라도 상관없다.

끊임없이 여러 은행을 방문해 비교해 보길 추천한다. 이것만으로도 연간 몇백만 원에서 몇천만 원은 아낄 수 있다.

사장이 화내면 직원은 떠난다

해외쇼핑몰을 운영하는 K사는 작년에 굉장한 어려움에 휩싸였다. 해외에서 물건을 소싱하는 외국인 직원이 큰 사고를 냈기 때문이다. 사장은 그 일과 관련해 외국인 직원과 국제전화를 하던 중 폭발하는 화를 참지 못하고 전화기에다 대고 고함을 질렀다. 그런데 그 고함을 들은 직원은 사태 수습도 제대로 하지 않은 채 바로 사표를 써 버리고는 그대로 잠적하고 말았다.

회사를 운영하다 보면 직원들의 실수를 수습해야 할 일이 생기곤 한다. 비즈니스 또한 사람이 하는 일이다 보니, 사람의 실수로 인해서 문제는 언제든지 일어날 수 있다. 그래서 문제가 발생한 그 자체보다 수습하는 과정이 더 중요하다. 웬만한 일들은 회사에서 거래처에 손해배상을 해 주거나 손해를 감수하고 다시 일을 해 주면 된다. 문제는 이런 사고를 처리함에 있어서 사장이 감정적인 화를 조절하는 것이 매우 중요하다는 점을 간과하고 있다는 것이다.

물론 사장이 직원들에게 화를 내는 것이 필요할 때도 하다. 하지만 절대 감정적으로 화를 드러내서는 곤란하다. 직원들은 자신이 사고를 낸 것보다 사장이 화낸 것을 더 중요하게 생각하고 그걸 더 심각하게 받아들인다. 사장이 감정적으로 화를 냄으로써 직원의 잘못은 덮어진다.

동종업계 E사 출신의 경력자 K가 입사했었던 적이 있다. K는 팀장 출신인 데다 업무 능력도 뛰어난 사람이었다. 그런데 그가 입사한 지 얼마 되지 않아 직원들과의 회식 자리에서 E사의 사장에 대해 안 좋게 이야기하는 것을 들을 수 있었다. E사의 사장이 간부급들과의 회식 자리에서 한 직원에게 "나쁜 놈!"이라며 욕을 했다는 것이었다.

그래서 나는 도대체 어떤 일이 있었길래 그 직원에게 E사 사장이 욕을 했느냐고 K에게 물어보았더니, 그는 기억이 잘 나지 않는다고 했다. K는 E사 사장이 왜 화를 냈는지에 대한 사건의 진상에는 전혀 관심이 없었고, 다만 화를 냈던 사장의 태도만을 문제 삼았다. 아무리 그래도 직원에게 화를 내는 것은 나쁜 행동이라는 것이 그의 설명이었다.

문제는 K가 경험한 그 사건이 우리 회사에 입사하기 몇 년 전에 일어난 사건이었다는 것이다. K는 그 오랜 시간이 흘렀음에도 사장이 직원에게 화를 냈다는 부정적인 감정만을 기억하고 있었던 것이다.

그렇다면 직원이 실수하거나 커다란 문제를 일으켰을 때 어떻게 하면 좋을까?

"잘못한 직원에 대해 그냥 유야무야 넘어가면 문제가 반복될 게 뻔할 텐데……."

사장의 고민이 여기에서부터 시작된다. 회사 업무는 대부분 돈과 직접적으로 관련된 것들이기 때문에 단 한 번의 실수라도 회사에 큰 영향을 끼칠 수 있어 무척이나 예민한 문제가 아닐 수 없다.

나 같은 경우, 이럴 때 발생된 문제에 집중했다. 우선 해결점부터 찾으려고 최선을 다했고, 문제를 해결한 후에는 그 문제의 원인을 꼼꼼하게 살펴 대비책을 만드는 데 주력했다. 필요하다면 사규도 변경했다. 그리고 마지막으로 해당 직원을 불러 본인의 실수로 인해 회사가 어떤 피해를 보았으며, 그것이 어떻게 해결되었는지 설명해 주고, 재발 시 어떻게 조치하겠다는 통고로 마무리했다. 만약 나의 감정이 격해져 있을 경우에는 중간관리자로 하여금 대신 면담을 하도록 시킨 적도 있었다. 사고가 났을 때는 사장인 나의 화난 감정을 처리하는 것보다 문제 해결이 우선이다.

이러한 감정 조절의 문제는 사장에게만 해당되는 게 아니다. 임원들이나 팀장들에게도 명심시켜야 한다. 직원의 잘못에 대해 무조건 화를 내지 말라는 말이 아니다. 어떤 경우에는 화를 내는 것이 필요하다. 다만 적절한 타이밍과 강도를 조절해 이성적으로 화를 내야 한다. 무턱대고 감정적으로 화를 내면 직원들은 회사를 떠나 버린다.

만약 직원에게 화낼 일이 있다면 공개적인 장소에서는 절대 안 된다. 회의실에 가서 일대일인 상태에서 화를 표출해야 한다.

"나도 인간인지라 이번 일에는 화가 난다."

이렇게 말을 하고 화를 내는 편이 좋다. 그리고 그 시간도 너무 길면 좋지 않다. 팀장이 화를 내면 팀원들이 팀장을 믿지 않게 된다. 그럼 결국 팀워크에도 금이 간다. 한번 금이 간 팀워크를 회복하기란 여간 어려운 일이 아니다.

일을 함에 있어서 질책과 격려는 필요하다. 격려는 공개적으로 해도 되지만 너무 자주할 경우 오히려 독이 된다. 그리고 질책은 동기부여의 도구로만 사용하는 것이 좋다.

만약 질책할 일과 칭찬할 일이 동시에 있다면, 질책을 먼저하고 그 후에 칭찬을 해야 효과가 있다. 질책을 할 때에는 절대로 감정을 싣지 않도록 주의해야 한다.

사장이나 상사의 질책에서 직원이 감정을 느끼는 순간, 그것은 이미 객관성도 없어지고 명분도 사라진다. 화를 내는 상사의 감정만 표출될 뿐이다. 명심하라. 회사 사무실에서 큰소리를 지르는 순간, 그동안 축적된 사장에 대한 존경심은 한꺼번에 물거품이 될 것이라는 사실을.

나는 직원들이 우리 회사에 처음 입사해서 업무에 적응할 때까지는 비교적 엄격하게 대하고자 했다. 엄격하다는 것은 늘 일관된 메시지를 준다는 것이다. 또한 엄격하다는 것은 공정한 것이다. 엄격하다는 것과 화를 낸다는 것과 질책을 한다는 것은 전혀 다른 의미를 갖는다.

엄격하다는 것이 권위를 표현한다면, 화를 낸다는 것은 다분히 감정적이다. 사실 직원을 상대로 화를 내는 건 업무 진행에도 도움이 되지 않는다.

업무 처리 속도가 더뎌서 문제가 생겼다면 그것을 재빠르게 객관화시킬 필요가 있다. 개인감정이 아닌, 직원의 업무 지연으로 인하여 어떠한 문제가 발생되고 있음을 해당 직원을 불러 객관적으로 이야기하는 것이다. 그리고 필요에 따라 질책할 수도 있다.

화가 난다는 것은 지극히 개인적인 감정에 불과하기 때문에 그것을 가감 없이 그대로 표출하는 순간, 문제 해결에는 결코 도움이 되지 않는다. 사장의 화를 받아 줄 이유가 직원들에게는 없다. 화가 나면 차라리 회사 밖으로 나가 산책을 해라.

식사나 모임에서 만나는 사장들 가운데 가슴에 화를 품고 사는 사장들이 가끔 있었다. 그 짜증이 테이블을 건너서 넘어온다. A 사장이 그런 경우였다.

A 사장을 처음 만났을 때 그는 자신의 이야기를 많이 했다. 모임에 있는 다른 사장들의 이야기는 일절 들으려고 하지 않았다. 그리고 대화를 하면서도 내내 화를 냈다. 직원들의 업무 처리가 늦는다고 화를 냈고, 일이 자신이 원하는 대로 돌아가지 않는다고 화를 냈다.

공동 사장이었던 A와 B는 형제다. 동생인 B 사장은 부드러운 성격의 소유자인 반면에 형인 A 사장은 과격한 성격의 소유자였다. A 사장은 직원이 일을 하다가 조금만 실수해도 사무실에서 고함을 질렀다. 그 성격을 고쳐야 한다고 조언해 보았지만 소용 없었고, 스스로가 분노에 가득 차서 회사 일을 처리했다. 결국 그 회사에서 근무하던 직원들은 모두 A 사장의 곁을 떠났다. 그에 반해서 동생인 B 사장은 형과 동일한 아이템으로 사업을 하는 데도 승승장구다. 동생은 사람을 품을 줄 알았던 것이다.

회사는 하나의 이익 집단이다. 회사의 정의를 찾아보면 '상행위 또는 그 밖의 영리 행위를 목적으로 하는 사단 법인'이라고 명시되어 있다. 돈을 벌어서 그 벌어들인 돈을 직원들과 나누어 가지는 것이다.

이런 돈을 버는 것은 종합예술이다. 남의 호주머니에서 돈을 꺼내 오려면 정교한 비즈니스의 기술이 필요하다. 고객에게 집중하고 고객의 목소리를 듣고 그들에게 필요한 부분을 해결해 주면 돈은 자연스럽게 벌어지게 마련이다. 이러한 정교한 비즈니스 과정에서 실수를 했다는 이유로 직원에게 화를 내면 그 직원은 업무에 몰입할 수가 없다. 직원이 업무에 몰입하지 못하면 결국 실수가 더 나오게 되고, 그 실수는 회사에 치명상을 입힐 수도 있다.

사장의 머릿속은 항상 매출을 만들기 위한 생각으로 가득 차 있다. 나도 마찬가지로 항상 새로운 캐시카우가 될 만한 사업거리를 찾는데 온 힘을 썼다. 그러다가 좋은 아이템이나 아이디어가 생각나면 회의 시간에 부서장이나 임원들에게 이야기를 하곤 했다. 그런데 그들은 내가 제시한 아이템에 대해 자주 반대 의사를 드러냈다. 때로는 업무가 많아질까 봐 말도 안 되는 변명거리를 찾기도 하였다.

그럴 때면 지금 회사에 있는 캐시카우가 언제까지 그 역할을 해 줄지 장담할 수 없는 상황에서 새로운 것을 만들어야 하는데, 주어진 시간은 없고 경쟁사들은 지금 이 순간도 앞으로 내달리고 있을 것이라는 생각이 들어 나도 모르게 조바심이 났다. 그래서 회의 시간마다 임원들에게 엄청나게 화를 냈다. 그러고 나서 조용히 내 책상으로 돌아와서는 의자에 앉아 후회했다.

'무엇이 잘못되었을까?'

내가 화를 낸 것은 분명 잘못한 일이었다. 나는 화를 낼 것이 아니라 그들을 설득해야만 했다. 나는 자료를 다시 준비하고, 재무 담당 이사를 불러 그에게 내가 바라보는 시장 규모를 1차적으로 설명했다. 그 후 좀 더 자료를 세밀하게 준비하여 다른 임원들을 설득해 나갔다. 그렇게 해서 직원들의 동의로 부서가 만들어지고 6개월간의 시범 운영 결과 이익이 발생된 아이템이 몇 개 있었다.

임원급 정도면 사장과 오랜 시간 동고동락하며 지내 왔기에 잠깐 화를 내는 것이 그다지 문제가 되지 않는다고 생각할 수도 있다. 하지만 일이 진행되기 위해서는 그것이 결코 도움이 되지 않기 때문에 자제하는 편이 좋다. 다만, 사장도 사람이기 때문에 함께 오랜 시간을 보낸 임직원이나 실력이 있어 스카우트한 임직원에게는 더 의지하고 기대를 걸게 된다. 그러다가 그 기대에 어긋난다는 생각이 들면 더 큰 실망과 더 큰 감정의 상함이 생겨 직원에게 화를 내는 경우가 많은 것 같다.

하지만 화는 감정일 뿐이다. 사장의 그 화는 대부분 독화살이 되어 본인에게 되돌아온다. 설득하는 사장이 되도록 노력하라.

채용 방법부터 바꿔라

중소기업에는 전산 개발이나 해외 영역을 개척할 전문적인 지식을 가진 인재들이 아예 입사를 하지 않는다. 작은 회사의 적은 연봉과 야박한 복지 혜택이 그들을 만족시키기가 어렵기 때문이다.

우리 회사 같은 경우, 직원이 100명 넘어가고 규모가 어느 정도 커지면서 인재 수급의 어려움이 초창기에 비해서 많이 줄어들었다. 하지만 이제 막 시작하는 회사라면 우수한 인재 영입은 그림의 떡일 것이다. 우수한 인재는커녕 당장 자리를 채워 줄 사람만 와 주어도 고마울 따름이다.

사업 초반 직원이 몇 명 안 되었을 때, 그나마 한 명 있었던 전산개발자가 직원들과 갈등을 빚어 갑자기 회사를 그만두는 사태가 벌어졌다. 당장 전산을 담당할 프로그래머를 뽑으려고 했지만, 서울이 아닌 경기도 일산에까지 와서 프로그래밍을 해 줄 사람을 찾는 게 만만치 않았다. 구인 공고를 온라인뿐만 아니라 여러 신문에도 올려 보았지만, 효과가 미미했다.

 당시에는 프로그래머의 인기가 꽤 높아 직원 한 명을 뽑는 것도 하늘에 별 따기였다. 하는 수 없이 평소 내가 자주 찾던 개발자들이 많이 모이는 인터넷 카페 게시판에 사람을 구한다는 내용을 올렸다. 그랬더니 지방에서 전화 한 통이 왔는데, 그는 전산 개발 회사에서 산업기능요원으로 근무를 한 경험이 있어 개발에는 자신이 있다고 했다. 그런데 그가 면접 보는 것이 싫다며 만약 채용을 해 주면 일산으로 바로 올라오겠다는 것이었다. 면접도 보지 않은 채 자신을 뽑아 달라는 다소 황당한 말이었다.

 이 말을 들은 주변에서는 반대를 했지만, 나는 전산 개발을 해 줄 사람이 급했던 터라 두말 않고 그를 뽑겠다고 했다. 어차피 모 아니면 도라고 생각했기 때문이다. 그는 대구에서 짐을 싸서 일주일 후에 우리 회사로 출근했다. 그를 직접 만나 보니 걱정했던 것보다는 인상도 좋고 실력도 괜찮았다. 그리고 이렇게 채용한 직원을 시발점으로 우리 회사의 전산팀이 만들어졌다.

 그 후 그 팀에서 로그분석 시스템을 만들어 대박을 터트렸다. 경쟁사에서 로비를 해서 잠깐 동안 이 로그분석 시스템을 사용하지 못하게 할 정도로 동종업계에서는 그 영향력이 엄청나게 컸었다. 우리 회사에서 경쟁 PT(프레젠테이션)에 나가면 속속들이 다 수주할 정도였다. 그 시스템 개발을 계기로 우리 회사의 매출은 세 배 넘게 성장하였고, 그때는 정말 무서운 것이 없었다. 그 공은 분명히 다소 황당하게 입사한 그 직원에게도 있었다.

사람을 직접 만나서 면접을 보고 성실한 직원을 뽑아야 한다는 것은 기존 채용 방식의 일부일 뿐이다. 만약 내가 경영학 교과서에 나온 방식대로 딱딱하게 면접을 봤다면 그 직원은 우리 회사에 입사를 하지 않았을 것이고, 그로 인해 우리 회사 또한 여러 번의 성장 기회를 놓치고 말았을 것이다.

대기업들은 신입사원들을 공채 형식으로 뽑아 사전에 다양한 교육을 실시하고 나서 본격적으로 업무에 투입시키지만, 중소기업들은 그럴 여유가 없다. 필요한 인재가 있다면 직접 찾아나서야 하고, 필요하다면 삼고초려해서라도 영입해야 한다. 과거 유비도 제갈공명을 발탁할 때 그렇게 하지 않았는가.

사업을 시작한 지 3년 정도 지났을 때 사무실을 경기도에서 서울 구로디지털단지로 이전했다. 직원들이 많이 필요한 시점이었지만, 회사가 경기도에 위치해 있다 보니 지역적인 한계를 벗어나지 못한 탓인지 아무래도 지원하는 사람들의 숫자가 적었다. 그래서 쓸모 있는 인재를 찾기 위해 무리해서 사무실을 서울로 옮긴 것이었다.

당시 우리 회사는 대기업의 인사 시스템을 쫓아 할 경제적 여유나 전문 지식을 가진 직원조차 없던 상황이었다. 그나마 다행이었던 것은 신생 분야라 경력자는 어차피 시장에 거의 존재하지 않았기 때문에 신입사원만 충원하면 되었다.

그래서 나는 직원을 찾아다니기 시작했다. 중소기업에서는 잡코리아나 인쿠르트 등 구인구직 사이트에 구인 공고를 올리고, 그걸 본 구직자가 지원하길 기다리면 늦는다. 찾아나서야 한다. 전문가 집단이 운영하는 전문 블로그나 카페에도 글을 남겼다. 대학교도 찾아다니며 공고문을 올렸다. 그리고 식당에서 밥을 먹다가 성실하게 보이는 직원에게 명함을 주며 입사를 권하기도 했다. 봉사를 하러 갔다가 만난 친구는 현재 우리 회사에서 근무 중이다.

캐나다에서는 직원들을 추천에 의해 뽑는 방식을 선호한다. 카페의 알바생조차도 직원의 추천을 통해 채용한다. 신분을 모르는 사람을 뽑는 것보다 추천에 의한 입사가 장기적으로도 안전하고 효율이 좋다는 것이 증명되었기 때문이다. 특히 외국계 기업들은 추천받은 사람이 직원으로 입사하게 되면 추천한 직원에게 가점을 부여한다. 그 추천받은 직원이 회사의 분위기와 맞는다고 판단해서 추천하기 때문이다.

우리 회사도 많은 경력자가 필요한 시점이 되었을 즈음에 직원을 통한 경력자 추천 제도를 만들었다. 모집 공고를 사내 인트라넷에 올리고, 해당 부서의 장이 직접 필요 인력에 대한 설명회 시간을 가졌다. 그렇게 해서 직원이 추천한 외부 경력자가 채용되면 그 직원에게는 상품권을 줬다. 직원 공고를 올리는 데 들어가는 비용을 추천한 직원에게 돌린 것이었다.

직원들의 추천 제도는 자신이 근무하는 곳에서 함께 근무할 직원의 충원에 본인이 관여함으로써 우선 자긍심을 느끼게 하고, 함께 근무할 직원이기 때문에 채용 대상자의 업무 능력이나 해당 부서원들과의 화합에 영향을 끼치는 인성 같은 부분을 좀 더 상세하게 볼 수 있다는 장점이 있다. 그리고 새로운 회사 환경에 잘 적응할 수 있도록 추천한 직원이 추천받아 입사한 직원의 개인 멘토가 되어 많은 도움을 줄 수도 있다.

규모가 작다는 게 장점이다

작은 조직으로
시작하라

우리 모두는 언젠가 회사를 나와야 한다. 회사 오너가 아닌 바에야 대표나 임원들조차 언젠가는 퇴사를 해야 한다. 그런데 직장 생활을 하면서 모아 놓은 돈이 많아 퇴직 이후에 아무 일을 하지 않고도 잘 먹고 잘 살 수 있는 사람은 현실적으로 손에 꼽을 정도다. 그러므로 대다수의 직장인들은 잠재적인 퇴직자이자, 창업자인 셈이다. 이제 비즈니스는 미래를 위한 필수 준비사항이다.

그런데 부모님의 퇴직금을 털어서 사업을 시작하는 사람들이 더러 있다. P는 대학 졸업 후 바로 사업을 시작했다. 아버지의 퇴직금 2억 원을 받아서 사업을 시작했지만, 1년을 채 버티지 못하고 결국 회사 문을 닫았다. 그는 빚까지 져서 한동안 힘든 생활을 했다.

사업은 자신이 가진 돈의 전부를 털어서 시작하면 안 된다. 그렇게 해서 성공한 사람들은 극히 소수다. 대한민국의 600만 개인 사업자들 중에 1만 명도 안 될 것이다. 확률로 치면 0.16%다. 모험을 하기엔 너무 낮은 확률이다.

많은 사람들이 사업을 하려면 거액을 가지고 있어야 시작할 수 있는 것으로 종종 오해한다. 사업을 하는 데 돈이 필요하기는 하지만, 돈으로 사업을 시작하면 백이면 백 다 망한다. 사업은 돈이 아닌, 참신한 아이디어에서 출발해야 한다. 오히려 크게 성공한 사람일수록 작게 시작해서 한걸음씩 성공의 계단을 밟아 간다.

나는 100만 원으로 사업을 시작했다. 내 첫 사무실은 당시에 얹혀 살던 처갓집 2층의 작은 방이었고, 전화도 기존에 집에서 사용하던 것을 썼다. 그리고 홈페이지 제작도 메인 페이지만 외주 디자이너에게 맡기고, 나머지는 내가 손수 공부해 가면서 고쳐 나갔다. 거기에 전단지 제작비용 정도만 추가되었다.

물론 퇴직금을 사용하거나 은행에서 대출을 받거나 해서 좀 더 거창하게 사업을 시작할 수도 있었다. 그러나 나는 그렇게 하지 않았다. 사업 성공에 대한 확신은 있었지만, 숫자로 보여지는 구체적인 증거가 필요했다.

만약에 매출이 예상한대로 발생하지 않는다면 투자금을 회수할 방법이 없어지고, 그렇게 되면 우리 가정은 길거리로 내몰리는 수밖에 없을 것이었기 때문이다.

사업 초기에 자금이 부족하여 마음껏 직원을 채용할 수도 없었고 좋은 사무실을 임대할 수도 없었지만, 초기 자본금을 최소한도로 낮게 잡은 덕분에 좀 더 다양한 시도를 해 볼 수 있었다. 투자한 돈이 크지 않으니 마음도 급하지 않았다. 그렇게 10번을 실패해도 투입된 창업비용은 1,000만 원 남짓에 불과했으니까 말이다.

우리 회사의 첫 번째 사원은 아내였다. 홈페이지를 개설하고 나자 방문자들이 들어오기 시작했지만 직원을 채용해 급여를 줄 만큼의 이익이 생기는지는 검증이 안 된 상태였다. 아내와 둘이서 약 3개월간 같이 일을 했다.

4개월을 넘어가니 수입이 발생하기 시작했다. 참고로 업체 간 거래에서는 대부분 결제대금을 몇 개월 정도 지나서 지급하는 것이 관례다. 그 기간이 짧게는 1개월에서 길게는 6개월 이상이 걸리기도 한다. 매우 소액이지만 대금이 입금되기 시작한 그때 즈음에 아르바이트생을 한 명 뽑았다. 그리고 그다음 달에 한 명을 더 뽑았으며, 1개월이 더 지난 후에는 직원을 두 명 뽑았고 별도의 사무실도 얻었다.

1인 기업으로 작게 시작하면 부담도 덜하다. 나의 절친이자 『나이키의 경쟁자는 닌텐도다』의 저자인 (지금은 고인이 되신) 정재윤 형님은 오로지 책과 강의를 통해서만 매년 1억 원이 넘는 고소득을 올렸다. 스파이용 카메라를 온라인으로 판매하는 스파이가이시큐리티닷컴 spyguysecurity.com의 대표인 알렌 와튼은 1인 기업으로 100만 달러 규모의 매출을 올리며 수많은 미국인들이 꿈꾸는 삶을 살고 있다.

그는 엘리트 비즈니스 스쿨 출신도 아니다. 비즈니스를 시작하기 전에 그는 카메라 가게에서 시간당 11불을 받고 일했으며, 독학으로 스파이용 카메라 관련 비즈니스를 배웠다. 와튼의 비즈니스는 현재 미국에서 가장 트렌드한 분야로 꼽히고 있으며, 그는 최근에서야 전화받는 사람을 한 명 뽑았다.

조이 힐리 또한 눈썹 스타일링 비즈니스를 통해서 매년 100만 달러를 벌어들이고 있다. 그는 눈썹 미용 관련 제품의 제조와 판매를 하는 조이 힐리 스튜디오라는 회사를 운영하고 있다.

그는 2009년에 사업을 시작했다. 처음에는 자신의 제품을 알리기 위해 맨해튼의 부유층들이 사는 아파트를 직접 발로 뛰어다녔다. 매일 아침 9시부터 저녁 9시까지 파크 에비뉴(뉴욕의 최고급 아파트들이 몰려 있는 거리)에서 일을 했다고 한다.

수요가 점차 증가하자 그는 자신의 눈썹 스튜디오를 오픈했고, 눈썹을 한 번 스타일링하는 데 최고 115달러의 가격을 책정했다. 그는 현재 스타일리스트 양성 학원을 운영하고 있으며, 풀타임 직원이 한 명도 없음에도 연간 100만 달러의 수익을 창출해 내고 있다.

이렇게 미국에서 연 매출 100만 달러 이상을 올리고 있는 1인 기업의 수는 3만 개가 넘는다. 이들은 모두 작게 시작했지만 더 이상 회사를 키우지 않으면서 지속적인 성장을 이루고 있는 사업가들이다. 기존의 낡은 사고방식을 깨면 새로운 비즈니스의 방향이 보인다. 작게 시작하면 더 많은 기회를 가질 수 있다.

조직을
반으로 나누어라

　중소기업들은 보통 한 팀의 인원을 최소 2명에서 최대 10명 내외로 꾸려 간다. 계약 성공률이 높은 팀은 점점 거래처가 많아지게 되고 업무량 또한 많아지게 되면서 자연스럽게 팀원들이 더 많이 충원된다. 팀원이 늘어난다는 것은 해당 팀이 창출해 내는 매출이 높아지고 있음을 의미한다. 이때 조직을 그대로 방치하게 되면 더 이상 매출이 늘어나지 않고 정체되는 시점이 분명히 도래한다. 팀당 매출이 정체된다는 의미는 결국 회사의 전체 매출이 정체된다는 것을 의미한다. 그럼 그 회사는 성장을 멈추게 된다.

　인류는 꿀을 얻기 위해서 약 9000년 전부터 양봉을 해 왔다. 양봉은 꿀을 얻기 위한 가장 효과적인 방법이다. 양봉을 하기 전까지 인간은 수렵을 통해서 벌집을 탈취하였다. 하지만 이 방법으로는 소량의 꿀만을 얻을 수밖에 없었다. 양봉을 통해 비로소 인류는 원하는 시기에 적절한 양의 꿀을 섭취할 수 있게 되었다.

꿀벌들의 일하는 모습은 일사분란하다. 가을을 정점으로 겨울에 대비해 일벌들은 여왕벌이 있는 벌통으로 꿀을 열심히 가득 모은다. 한 해가 지나 새로운 여왕벌이 태어나면 기존의 여왕벌은 그 벌통에서 나와야 한다. 이때 나와 있는 여왕벌을 잡아 다른 벌통에 넣어 주면 70%의 일벌들이 같이 따라 나와 그 여왕벌을 중심으로 하나의 사회를 형성하고 새로운 벌통을 다시 가득 채운다. 이러한 양봉의 원리를 조직 운영에 적용시키자 놀라운 일이 일어났다.

팀원이 5~6명을 넘어가면 팀장 혼자서 전체 팀을 이끌어 가는 데 한계가 생긴다. 팀 내에는 자연스럽게 팀장을 지원하는 조력자가 생기는데, 그 조력자는 1명일 수도 있고, 2명일 수도 있다. 이 조력자들이 팀장 후보들이다. 그들은 가끔 팀장의 역할을 대행하기도 하고, 그 조력자들에게 협업하는 팀원들도 자연스럽게 생긴다. 그때 사장의 개입이 필요하다. 마치 양봉업자가 여왕벌을 옮기듯이 사장은 새로운 팀을 준비해야 한다. 필요에 따라 팀장은 외부에서 수혈할 수도 있다.

이제 두 개의 팀은 서로 경쟁심이 생긴다. 두 팀은 자연스럽게 매출 경쟁을 벌인다. 그러다가 매출이 정점에 달하는 시점에 또다시 팀을 분리시켜 주면 성과를 두 배 이상 올릴 수 있다.

그런데 이것을 각 기업에 적용하기 위해서는 전제조건이 있다. 성장하는 사업 분야여야 하고, 리더십을 가진, 팀장에 적합한 직원이 있어야 한다는 것이다. 여왕벌이 없는 벌통의 경우 꿀을 모으기가 쉽지 않다. 오히려 일벌들이 목표를 잃고 아사하기도 한다. 마찬가지로 구심점이 되는 직원도 없이 무작정 팀을 늘려 놓기만 하면 실패할 확률이 크다.

나는 회사를 운영하면서 이러한 방식으로 팀을 세팅하는 데 최대한 집중했다. 팀이 자리를 잡는 데 최대 2년이 걸린 경우도 있었지만, 한 팀이 제대로 자리를 잡으면 그다음 팀은 좀 더 쉽게 세팅되었다. 새롭게 팀으로 나눌 필요가 있을 때는 팀원이 한 명일지라도 과감히 '파트'로 나누었다. 새로운 팀을 맡은 팀장의 성과가 바로 나오지 않을 가능성이 매우 높은 경우에 이렇게 하였는데, 팀으로 완전히 분리시키기 전 기존 팀 아래 '파트'라는 임시 부서를 두어 일정 기간 준비를 거친 후 성과를 보이면 새로운 팀장으로 팀을 꾸리게 하였고, 그렇지 못한 파트의 장은 기존 팀장 아래에서 좀 더 훈련받는 기간을 갖도록 하였다. 물론 기존 팀장과 본부장에게는 적절한 보상 체계를 마련해 주었다.

적정한 인원을 관리할 수 있는 리더의 역량은 대체로 정해져 있다. 팀원이 너무 적으면 업무의 효율성이 떨어지고, 반대로 너무 많으면 팀원 관리가 제대로 되지 않는 문제가 발생한다. 따라서 새로운 팀을 만들기 전에 이렇게 테스트를 해 보는 것도 좋다.

경영의 신으로 추앙받는 일본 교세라 그룹의 이나모리 가즈오 회장은 1959년 세라믹 부품을 만드는 회사를 설립했다. 설립 당시에는 직원이 28명에 불과했지만, 현재는 국내외 계열사 226개와 총 직원 수 6만 명이 넘는 거대 대기업으로 성장시켰다. 그리고 교세라 그룹은 설립 이후 단 한 번도 적자를 내 본 적이 없는 초우량 기업이다.

이나모리 회장은 교세라 조직이 커지면서 혼자서 컨트롤하기 힘들다고 생각했다. 그는 교세라가 성장하려면 자신과 같은 생각을 하는 직원들이 많이 육성되어야 한다고 판단해 큰 조직을 최대한 작은 조직으로 바꾸려고 노력했다. 그래서 그는 단순 세포인 아메바가 자신의 세포를 분화시키듯이 이분법, 삼분법적인 조직 세분화를 시도하였다.

이나모리 회장은 이러한 작은 조직 활성화라는 조직 관리법을 통해 2010년에 법정관리를 신청한 일본항공JAL을 1년 만에 흑자 회사로 바꾸어 놓았고, 2년 8개월 만에는 도쿄 증시에 재상장시키는 기적을 일구었다.

조직을 두 개로 나누는 것은 여왕벌을 만드는 작업에서부터 시작한다. 꿀벌의 여왕벌은 타고나는 것이지만, 사람의 여왕벌은 회사에서 임명하는 데서 출발한다. 팀장감을 잘 고르고 그들에게 완장을 채워 보라. 완장을 채우면 신기하게도 직원들이 달라진다.

고정비를 줄여라

　회사의 이번 달 매출이 1억 원이라고 해서 다음 달에도 똑같이 1억 원의 매출이 보장되지 않는다. 매출이 급격하게 감소할 때도 있다. 이에 비해 고정적으로 지출되는 비용은 갑자기 줄거나 늘어나지 않는다. 그런데 한번 늘어난 고정 비용은 줄이기가 그렇게 쉽지 않다. 200원짜리 자판기 커피를 먹던 직원들에게 1,500원짜리 원두커피를 제공했다가 다시 200원짜리 자판기 커피를 제공한다면, 어느 직원이 예전과 동일한 커피라고 생각할 것인가.

　고정 비용이란 매월 지출하는 비용 중에서 생산량이 줄어도 변함없이 지출되는 비용을 말한다. 보통 임대료, 감가상각비, 마케팅 비용 같이 지속적으로 지출되는 비용을 말한다. 급여는 회계상 고정비에 포함되어 있지 않지만 기업을 운영하는 사장의 입장에서는 고정비다. 상황에 따라 지출을 조정할 수 있다면 고정비가 아니겠지만 현실은 그렇지 못하다. 수많은 회사들이 원가 절감을 외치는 것도 고정비를 줄이려는 몸부림의 발로다. 이런 고정비를 줄이기 위해서 매출에 대한 기여도가 낮은 조직을 줄여 나가는 것이 요즈음의 추세다.

네이버나 다음과 같은 인터넷 포털 회사는 연 매출이 수조 원대에 이르는 거대 회사이지만, 일반고객을 담당하는 영업팀은 회사 내에 별도로 존재하지 않는다. 서비스를 안내하고 고객 불만을 접수해서 전달하는 고객 담당 창구만이 있을 뿐이다.

그리고 네이버의 경우 과거에 광고대행사를 담당하는 조직이 있었지만 지금은 최소한의 인원으로 축소해 나가고 있다. 세계 최고의 검색 엔진 점유율을 자랑하는 구글 또한 고객 서비스 조직은 나라별로 몇 명 되지 않는다. 고객들이 스스로 구글 시스템을 공부해서 작동시키도록 만들었기 때문이다. 글로벌 기업들은 매출을 발생시키는 부서들은 계속해서 증원하고 규모를 키우지만, 반면 매출에 대한 기여도가 낮은 부서는 규모와 인원을 점차 축소시켜 나간다.

회사 내 홍보팀이나 마케팅팀은 기업 성장에 반드시 필요한 조직이다. 하지만 중소기업에서는 인건비 등의 비용적인 문제나 실질적인 홍보 전문가의 부재 등으로 인해 팀으로 운영하기에는 어려운 부분이 있기 때문에, 사장이 원한다고 해서 바로 만들 수가 없다.

예를 들어 중소기업이 회사 내에 홍보팀을 꾸린다고 가정해 보자.

처음에는 1명 정도 채용해서 업무를 시작할 것이다. 하지만 직원 1명이 홍보 관련 업무를 모두 처리하기에는 아무래도 한계가 있다. 기사를 작성하는 홍보가 있고, 영상을 만들어서 해야 하는 홍보도 있으며, 외부 업체를 면대면으로 찾아다니면서 해야 하는 홍보 작업도 있다. 이 많은 일을 혼자서 회사에서 필요로 하는 만큼 다양하게 진행할 수 없을 것이다. 그렇게 되면 결과적으로 회사가 원하는 방향의 홍보가 아닌, 직원이 할 수 있고 잘하는 방식으로만 집중적으로 홍보를 진행할 수밖에 없는 상황이 될 것이다.

마케팅팀도 마찬가지다. 전문적인 마케터와 최신의 마케팅 기법으로 무장한 업체들이 이미 시장에 자리를 잡았다. 중소기업에서는 아무리 마케팅팀을 잘 만들어도 외부의 이런 전문 광고회사를 쫓아갈 수가 없다. 그래서 오히려 내부 마케팅팀의 인건비 절반에 해당하는 금액을 외부 광고대행사의 기획 대행비로 책정하면, 그들은 최선을 다해서 중소기업의 마케팅 전략을 만들어 줄 것이다.

법무팀을 두는 중소기업은 더욱 드물다. 변호사를 직원으로 고용하는 비용이 비쌀뿐더러, 보통 변호사를 활용해야 할 만큼 업무 관련 고소나 고발이 자주 있지도 않기 때문이다. 또한 중소기업에서 아무리 법무팀을 잘 만들어도 법무법인들의 전문성을 따라갈 수 없다는 것을 알고 있기 때문이기도 하다.

법무법인은 해당 분야별로 특화되어 있다. 특허 등의 기술에 관련된 사건 소송 경험이 많은 법무법인이 있는가 하면, 거래처와의 계약 불이행 여부를 따지는 행정소송에 특화된 법무법인도 있다. 중소기업으로서는 필요에 따라 외부 법무법인과 계약해 활용하는 것이 훨씬 효율적이다.

블로그, 유튜브 등이 활성화되면서 영상 작업에 관심을 가지고 한동안 영상 작업팀을 운영한 적이 있었다. 이미 영업팀이 있었기 때문에 영상 제작만 가능하다면 기업 고객들이 원하는 짧은 영상을 제공하는 사업으로 새로운 매출 증진을 일으킬 수 있을 것이라는 확신이 들었다.

영상 작업은 카메라도 무겁고 조명의 필요성 등등의 이유로 혼자서 작업해 나가는 것이 무척이나 힘들어서 처음부터 팀으로 운영했다. 당장에 카메라 등의 영상 장비부터 준비해 주어야 했다. 동영상을 찍는 카메라의 종류도 다양했지만, 나를 당황시켰던 것은 영상 편집 프로그램 또한 다양하다는 것이었다. 이는 그 프로그램을 모르는 사람은 회사 내에 영상 편집 프로그램이 있어도 활용을 못한다는 것을 뜻했다. 나는 우선 우리 직원이 사용할 수 있는 영상 편집 프로그램을 준비해 주었다.

초기 몇 개월은 호응이 매우 좋았다. 문제는 고객사들의 요구 사항이 늘어나면서부터 발생하였다.

우리 회사는 거의 실내에서 영상을 촬영하였는데, 회사 전경을 촬영해 달라는 고객사도 있었고, 3D 작업의 요청도 있었으며, 심지어는 CG 작업을 요청하기도 하였다. 고객사의 니즈는 이렇게 다양했지만, 우리는 한두 종류의 영상 작업을 제외하고는 다른 작업을 하는 데 서툴렀다. 그러니 영상 팀원들은 연일 밤샘 작업을 할 수밖에 없었고, 그로 인해 그들의 피로도는 최고치에 다다랐다.

결국 영업팀장이 내게 와서 외부의 영상 전문 업체와 계약해 주길 요청했고, 나는 그렇게 하지 않을 수 없었다. 그리고 3D에 특화된 업체와도 계약을 했다. 점차 우리 회사가 하던 영상 작업은 외부 전문 업체와의 계약으로 전환되었다. 오히려 그것이 회사 매출을 높이는 방법이 되었다.

최근 핸드폰 케이스를 제조하는 (주)민스타의 조정현 대표는 국내 사업의 대부분을 정리하고, 본사를 중국으로 옮겼다. 한때 조 대표는 우리나라에 사무실을 두고 디자인팀을 세팅해 보았지만 그렇게 재미를 보지 못했다. 디자이너 인건비가 감당이 안 되었기 때문이다.

대신 그는 최근 외부의 디자인 전문 업체와 계약을 맺고 아웃소싱을 적극 활용하여 회사의 새로운 활로를 뚫고 있다. 이렇게 외부 디자인 업체와의 컬래버레이션 방식으로 생산한 핸드폰 케이스가 소비자들에게 좋은 반응을 얻고 있어 민스타는 좀 더 생산과 제품 소재 개발에 집중할 수 있게 되었다. 외주 계약으로 인해 경영 효율이 좋아지는 것은 시간문제다.

기업을 운영함에 있어서 비즈니스 환경은 언제든지 바뀔 수 있다. 때로는 그것이 고정 비용의 증가로 이어지는데, 이는 곧 기업의 리스크가 커지는 것을 뜻한다. 따라서 사장은 수시로 바뀌는 비즈니스 환경에 대해 늘 대비해야 한다.

지금은 '모든 것을 혼자서 처리해야 한다'는 고정관념을 버리고, 전산·디자인·마케팅·관리 등 다양한 분야의 외부 전문 인력이나 업체를 필요에 따라 적극적으로 활용해야 한다.

이익공유제로 직원들의
마음을 사로잡아라

　이익공유제는 회사의 이익을 직원들과 나누는 최신 경영 방식이다. 연말에 매출 목표를 제시하고, 그 금액을 초과 달성했을 때 그 초과 달성한 금액에 대해 직원들과 수익을 나누는 방식이다. 그 취지는 대다수의 사장들이 공감하지만, 잘 실천하지 못한다. 여기 이익공유제를 제대로 실천하는 사장님이 계셔서 좀 자세하게 소개하고자 한다.

　스마트폰에 내장되는 PCBPrinted Circuit Board(인쇄회로기판)의 장비 검사 업체로 탄탄하게 자리매김하고 있는 회사가 있는데, 바로 회로 전기가 잘 통하고 있는지 검사하는 이노솔루션이다.

　이 회사의 이영광 사장은 이쪽 출신이 아니다. 그는 한보그룹 회계팀에서 직장생활을 시작해 그곳에서 10년간 근무했다. 그러다가 IMF

가 터져 한보그룹도 같이 무너졌다. 이 사장은 그렇게 쫓겨나듯 한보그룹을 그만두고 약 2년을 쉬었다. 쉬는 동안 그는 대기업에서 근무했던 갑의 근성을 버리기로 결심했다.

이 사장은 지푸라기를 잡는 심정으로 절박하게 면접을 보러 다녔다. 며칠이 지나자 한 회사에서 합격 통지가 왔는데, PCB 패턴을 검사하는 장비 회사였다. 그렇게 그는 PCB 장비회사와 인연을 맺게 되었다.

그가 입사해서 지켜본 결과, PCB 장비 업체들 대부분이 처음에는 잘 운영되다가 10년을 고비로 결국에는 버티지 못하고 망한다는 사실을 발견했다. 그가 다니던 회사도 9년이 지나자 어려움이 찾아왔다. 그는 사장이 힘들어하는 모습을 보면서 2008년 12월에 마지막으로 퇴사했다.

하지만 그에게도 기회가 찾아왔다. 같이 알고 지내던 업체에서 회사를 사지 않겠느냐고 연락이 온 것이었다. 그는 그렇게 해서 안산에 위치한 이노솔류션을 인수했다. 직원 4명에 사무실 10평짜리 회사였다.

그가 인수한 회사는 폭발적으로 성장했다. 4명의 직원이 30명이 되고, 연 매출 3,000만 원짜리 회사를 30억짜리로 키웠다. 그는 창업한 지 6년 만에 40억 대출을 모두 갚고 집 한 채와 상가 하나를 사서 넉넉한 노후를 준비 중에 있다.

내가 알기로는 PCB 장비 업체들 중에서 이노솔류션이 가장 탄탄하다. 이유는 생산성이다. 이노솔류션 직원들의 생산성은 매우 높다. 직원들은 수시로 모여 어떻게 하면 같은 시간 안에 더 많은 일을 처리할 수 있을지 열띤 토론을 벌인다. 이것은 4년 전 급여 지급 방식이 이익공유제로 바뀐 뒤에 벌어지고 있는 현상이다.

이영광 사장이 리스크를 가지고 회사를 창업했으므로 이익의 30%는 그가 가지고 가고, 20%는 미래를 위해서 새로운 장비를 사는 비용으로 회사가 보유한다. 그리고 나머지 50%는 직원들에게 직급별로 골고루 나누어 준다. 신입사원의 경우 1년이 지나면 이익공유제 혜택을 받을 수 있다.

이렇게 이익을 공유하니 이 회사에는 회식이 없다. 회식 비용이 나가는 것을 직원들이 달가워하지 않는 것이다. 하지만 이익 공유를 하니 생산성은 업계 최고다. 업계에서 생산성이 높다고 평가받는 곳과 비교해도 30% 정도는 더 높다고 자부하고 있다. 이렇게 생산성이 높으니 직원들의 지갑은 당연히 두둑해졌다.

이익을 직접 나누어 주자 회사에서의 직원들 태도 또한 많이 달라졌다. 요즈음 직원들은 과거와 달리 휴식 시간에 옆 사람과 수다를 떨지 않는다. 다들 스마트폰을 하거나 음악을 들으면서 망중한을 즐긴다. 이런 모습을 통해 직원들이 많이 바뀌고 있다는 것을 이영광 사장은 느끼고 있다. "지나고 보니 결국 이익공유제가 직원들을 위한 것이 아니라, 나를 위한 것이었다"고 이 사장은 고백한다.

하지만 이익공유제가 무조건 모든 회사에 적용되는 만능사전은 절대 아니다. 나의 경우에는 이익공유제와 유사한 방식으로 인센티브제를 회사에 시행했다가 실패한 경험이 있다.

사업 초기 고정비를 늘리지 않기 위해 회사 이익의 상당 부분을 인센티브 방식으로 영업사원들과 공유했었다. 처음에는 새로운 광고주를 창출하고 열심히 일하는 듯싶었다. 하지만 얼마 지나지 않아 실적이 많이 올라간 영업사원들은 적당한 수준에서 안주하려고 하였다. 이에 더 이상의 매출이 늘지 않는 문제가 발생했다. 또 어떤 영업사원들은 순전히 자신의 실력 덕분에 영업이 잘된 것처럼 오만하게 굴기도 하면서 그 과정에서 회사와 적지 않은 갈등도 일으켰다.

또한 영업사원들이 월급을 많이 받아 가면서 상대적인 박탈감을 느끼는 직원들도 상당수 있었다. 영업사원이 실적을 올리기 위해 관리사원들이 매출에 기여한 부분이 있는데도, 그들에게 줄 몫이 남아 있지 않았던 것이다. 처음부터 영업사원들에게 너무 많은 이익의 퍼센트를 준 것이 결국에는 독이 되어서 돌아온 셈이었다.

내가 한 것은 실제 이익공유제가 아니었다. 그리고 나의 이익공유제는 영업사원들에게만 집중되어 있었다. 이것이 실패라고 생각하는 이유는 처음의 취지와는 달리 영업사원들이 인센티브를 자신의 능력으로 당연히 받아야 하는 고정급여처럼 인식했기 때문이다.

만약 이익공유제를 도입하고자 하는 회사가 있다면 섬세하게 설계해 실행할 것을 제안한다. 반드시 해당 영업사원뿐 아니라 매출에 기여하는 모든 직원에게 골고루 혜택이 돌아가도록 이익공유제를 만들어야 한다.

영업은 사장이 직접 챙겨라

 2011년 포브스가 전 세계 500대 기업을 대상으로 설문 조사한 결과 재무 담당 출신의 대표가 약 30%로 가장 많았고, 그다음 20%가 마케팅 및 영업 담당 출신이었다. 하지만 재무 담당 출신이라고 해도 CFO(최고재무책임자)를 하다가 대표이사가 된 경우는 5%에 불과했다. 즉 글로벌 회사의 경우 영업자 출신의 사장이 가장 많다는 뜻이다. 그만큼 회사에서는 영업이 중요하다.

 영업이 필요하지 않은 회사는 없다. 영업을 통해 회사가 존재할 수 있다는 말이 결코 과언이 아니다. 그 영업을 하는 데 있어서 누군가가 고객을 만나 계약을 성사시키고, 그 이후에도 그 고객을 담당하게 된다. 바로 그 사람이 영업사원이다.

영업사원들은 사장을 대신해서 고객을 만나는 사람들이다. 사장 혼자서 모든 고객을 상대하기에는 벅차기 때문에 이런 영업사원을 뽑아 활용하는 것이다. 그러므로 영업사원들에게는 사장의 철학과 마인드를 심어 놓아야 한다. 또한 영업사원은 일선에서 고객을 직접 상대하기 때문에 그들을 보면 그 회사의 교육 수준과 시스템을 알 수 있게 된다.

그리고 영업사원들은 회사 매출에 직접적인 영향을 주는 부서원들이다. 그래서 이들의 목소리를 잘 관리하는 일이 무척 중요하다. 회사 내 대부분의 불만들도 영업사원들에게서 나온다.

나는 고객사 미팅을 위해 영업사원과 함께 이동하는 시간을 활용해 그들이 힘들어하고 어려워하는 점들에 대해 이야기를 들었다. 경쟁 회사에서 개발된 솔루션이 상당히 좋아서 영업하는 데 어려움이 있다는 이야기라든지 회사 내 부서 간의 갈등으로 업무에 어려움이 있다는 등의 다양한 이야기를 접할 수 있었다.

그런 이야기를 들으면 바로 조치에 들어갔다. 경쟁사 솔루션의 경우, 회사로 복귀한 후 기획부서와 개발부서 등의 직원들과 같이 솔루션 개발 가능 여부 등에 대하여 회의를 가지기도 하였다.

작은 회사일수록 영업은 사장이 직접 하는 경우가 많이 있다.

나도 처음에는 팀장 명함을 들고 직접 고객을 만났다. 고객과 미팅이 있는 날이면 언제나 양복을 입었으며, 비가 오는 날에는 미리 미팅 장소에 도착해서 젖은 머리를 말리고 구두에 묻은 물기도 화장실에 가서 휴지로 말끔히 닦았다. 그런 후에 미팅을 통해 고객들의 고충을 이해하려고 애쓰는 등 고객 응대를 위한 효과적인 방법을 몸소 익혔다.

이후 회사가 커지면서 영업사원의 숫자도 증가했지만, 그래도 내가 시간이 되는 한 고객들과 직접 많은 미팅을 함께했다. 사장인 내가 영업을 놓지 않았던 것이다.

한번은 작은 회사에서 마케팅에 관한 의뢰를 해 왔다. 나는 영업사원과 함께 고객사 미팅을 했고 그것이 인연이 되어 우리 회사는 그 업체의 마케팅을 책임지기로 했다. 우리는 고객사의 웹사이트 기획에서부터 온라인 광고 등 모든 온라인 관련 마케팅을 주도해서 진행했다. 그러면서 고객사의 사장과도 지속적인 만남을 가졌으며, 이를 통해 그 후 10년 이상 그 고객사의 온라인 마케팅을 맡아서 진행했다.

영업을 직원들에게만 맡겨 두면 외부 시장상황에 대해 사장의 눈이 어두워진다. 책상에만 앉아서 지시를 하려고 하는 사장은 이미 사업하기를 포기한 사람이다. 미래를 위한 준비를 하고 있다면 더욱더 고객을 만나야 한다. 모든 공급은 수요를 통해서 나온다. 아이디어는 발을 통해서 나오는 법이다. 사장이 일선에서 직접 고객을 만나 그들이 가장 필요로 하는 부분을 해결해 주면 새로운 캐시카우가 될 수 있는 아이템이 의외의 순간에 도출되기도 한다.

회사는 이익을 만들기 위한 집단이다. 회사에 이익이 남아야 직원들에게 월급도 줄 수 있고, 회사 구성원들이 성장해 나갈 수 있다. 그 이익을 영업사원들이 올린다.

가장 최고의 영업사원은 사장이 되어야 한다. 그래서 영업에 한해서는 사장이 직접 보고를 받고 영업 전략을 임원들과 함께 세울 수 있어야 한다. 영업을 알지 못하는 사장은 절대 성공할 수 없고, 영업을 등한시하는 회사는 결코 성장할 수 없다.

사장이 영업 마인드를 가진 회사는 절대 망하지 않는다. 외국기업의 경우 영업사원 출신의 사장들이 많이 있다.

최고의 사장은 타고나는 것이 아니다. 다양한 고객을 만나면서 더 겸손해지고 고객이 필요로 하는 부분을 채워 주기 위해 더 고군분투하면서 만들어지는 것이다.

리더로서
사장의 역할

사장은 숫자를 읽을 수 있어야 한다

목표를 설정하는 데 있어서 숫자는 매우 중요한 역할을 한다. 머릿속으로는 거창한 목표를 쉽게 잡을 수 있지만, 그것을 실제 성과로 만들어 내기란 쉽지 않다. 하지만 목표를 숫자로 계량화해서 그 과정을 수시로 체크한다면 성공 확률은 매우 높아진다.

나에겐 지금 사춘기를 막 지나가고 있는 딸이 있다. 언젠가 딸아이가 다이어트를 하겠다며 체중계에 올라 본인의 몸무게를 숫자로 확인했다. 그러면서 그녀는 목표 체중을 정하고, 식사를 어떤 것으로 먹을지 계획표를 만들었다. 그리고 그 계획표에 따라 식사량과 체중을 매일매일 체크하면서 다이어트를 했고, 결국은 여름방학 전에 8kg을 감량해 본인의 희망 목표를 이루었다.

회사는 돈을 벌기 위한 목적으로 설립된 집단이다. 돈은 숫자다. 얼마를 벌었는지, 얼마를 벌어야 하는지, 직원은 몇 명이나 채용해야 하는지 등등이 다 숫자로 표현된다. 숫자 안에는 수많은 의미가 포함되어 있다. 숫자는 정직하다.

현재 기업의 재무 상태를 나타내 주는 대차대조표와 당해 연도 기업의 경영 성과, 즉 손익 현황을 보여 주는 손익계산서, 이익잉여금의 배당 또는 사내유보의 처분사항을 보고하기 위한 이익잉여금처분계산서 그리고 손익계산서상 이익과 현금이 정확히 일치되지 않는 원인을 밝혀 주는 현금흐름표 등으로 구성된 것이 재무제표인데, 매년 1회 작성된다.

생각보다 많은 사장들이 이 재무제표의 숫자들이 의미하는 바를 잘 인지하지 못한 채 지나가는 경우를 보곤 했다. 어떤 사람들은 재무제표를 선장이 사용하는 나침반에 비유하기도 한다. 하늘의 해나 멀리 보이는 섬의 위치를 파악해 배를 항해할 수도 있지만, 원하는 정확한 목표 지점으로 가기 위해서는 나침반의 도움을 결코 무시할 수 없다.

회사는 늘 변화하고 그 상태를 각종 숫자로 표현해 낸다. 회계사처럼 재무제표를 분석할 정도로 전문적이지는 않더라도 각종 회계용어와 경제용어들이 무엇을 의미하는지는 알아야 한다. 사업을 하지 않는다면 이런 지표들은 아무런 의미가 없다. 하지만 회사를 운영하려면 회사의 상태에 대해서 누구보다 잘 알고 있어야 한다.

연 1회 작성되는 재무제표 이외에도 회사에서는 매일, 매달에 걸쳐 끊임없이 일일 입출금 보고서, 당월 매출 목표와 매출 달성률, 매출 증가율 등등의 각종 지표들이 쏟아져 나온다. 그러한 지표들을 근거로 사장은 만약 적자가 나면 그 이유를 알고 있어야 한다. 실제로 연구비용이나 마케팅 비용 때문에 적자가 나는 경우도 많다. 적자의 원인을 파악하고 나면 언제든지 흑자로 전환시킬 수 있다.

회사를 창업하면서 먼저 사업을 시작하신 분들께 조언을 구했더니, 의외로 아이템이 나빠서 회사가 망하는 것이 아니라 거래처로부터 돈을 제대로 받지 못해 망하는 경우가 많다는 말을 들었다. 그래서 사장은 회사 통장의 현금 흐름을 늘 체크하고 있어야 한다.

재무제표상에 아무리 이익이 많아도 당장 돈이 없으면 회사는 부도가 날 수밖에 없다. 즉 현금 유동성이 모자라면 기업은 문을 닫아야 한다. 흑자 부도라는 말은 순이익은 났지만, 당장 그 돈이 수금되지 않아 그로 인해서 정한 기일 내에 갚아야 할 차입금을 갚지 못해 부도가 났다는 뜻이다. 그래서 될 수 있는 한 넉넉한 운영자금을 법인통장에 넣어 두고 미래에 대비하는 습관을 가져야 한다.

사장은 근무하고 있는 직원들의 숫자를 항상 헤아리고 있어야 한다. 나는 매달 부서별 매출과 인원을 파악해서 1인당 순이익을 체크해 나갔다. 1인당 ROI를 체크하는 것은 부서 간의 효율성 분석에도 도움이 되고, 비효율적 인원이 부서마다 몇 명이나 되는지 파악하는 데도 큰 도움을 준다.

매출 성장률을 체크하고, 향후 집중 성장해야 하는 부문에 대해서도 체크해야 한다. 매출 성장률은 곧 회사의 성장 규모를 보여 주는 부분이어서 사장들은 이러한 숫자에 매우 민감해야 한다. 더불어 경쟁 회사의 성장률이나 매출액도 체크해 보아야 한다. 불경기에 매출이 제자리걸음을 할 때 타 회사들도 같은 상황인지 확인해 보는 건 대단히 중요하다.

사업 초기에는 너무 많은 숫자의 홍수 속에서 어떤 것이 중요한지 몰라 머리가 터질 듯했다. 머릿속에 너무 많은 숫자가 있다 보니 고객을 만날 때나 직원들과 회의를 할 때 헷갈리기도 했었다. 정말 어려웠다. 그래도 직원들이 보내 주는 각종 보고서에 나와 있는 수많은 숫자들에 질려 해서는 안 된다. 이런 경우에는 메모장을 이용해 본인만 알 수 있는 메모를 해 두는 것도 좋다.

그런데 중요도에서 벗어나는 숫자가 있는데, 바로 인건비이다. 사장이 모든 직원들의 연봉을 다 기억하고 있을 수는 없다. 다만, 핵심인재들에 관한 연봉 정보는 기억하고 있어야 한다. 그들이 몇 건의 프로젝트를 진행했으며, 그것이 얼마나 성공했는지를 살펴야 한다. 프로젝트 성공률은 회사 매출과 직결되므로 머릿속으로 이미 성사된 프로젝트 단위별로 수익의 대략적인 숫자가 나올 수 있어야 한다.

종종 중소기업 사장들에게서 "내가 잘 몰라서 그랬다"는 이야기를 듣는다. 그것이 인정상 이해는 되지만, 그 대가는 혹독하다. 사장은 회사와 관련된 각종 종류의 숫자를 알아야 하며, 그것이 의미하는 바를 읽을 수 있도록 노력해야 한다.

모든 것은
사장 책임이다

　사회적 트렌드를 읽는 것은 사장으로서 매우 중요하다. 그 변화를 인지하지 못하면 회사의 캐시카우였던 사업부가 하루아침에 사라질 수도 있기 때문이다.

　대표적인 필름회사였던 코닥KODAK이 문을 닫았을 때 모든 사람들이 이해를 하지 못했다. 100년이 넘는 전통을 자랑하는 코닥은 지금의 애플보다 더 탄탄하고 강한 회사였다. 그중에 필름사업부는 회사 내 가장 많은 수익을 내는 독보적인 존재였다. 필름사업부에서 반대를 하면 회사의 경영진들도 눈치를 볼 수밖에 없었다. 필름사업부 임원들의 영향력이 워낙 막강해 조직문화의 변화를 원치 않았을 때 회사 내 누구도 거기에 대해 문제 제기를 하지 못했다. 물론 그 사람들

중에는 사장도 포함되어 있었다. 이른바 '성공 증후군'에 걸려 있었던 것이다.

사실 코닥은 10년간 디지털 분야에 엄청난 투자를 하고 있었다. 하지만 코닥은 디지털카메라를 가장 먼저 발명해 놓고도 현실에 안주했다. '필름회사에서 디지털회사로'란 구호도 있었지만, 실제 성과는 전무했다. 최초로 디지털카메라를 개발해 놓았기에 관련한 거의 모든 특허도 코닥이 가지고 있었지만, 그 이상의 미래를 보는 데에는 실패했다. 아니 정확히 말하면 그 미래가 오는 것을 막으려고 했다. 디지털카메라 시장이 점점 커지고 있었지만, 코닥은 디지털카메라 시장이 커지면 자신들의 캐시카우가 한순간에 사라지리라 판단해 디지털카메라의 출현을 최대한 늦추려고만 했다.

그러다가 1998년부터 디지털카메라 시장이 급속히 확산되자 코닥은 당황하기 시작했다. 결국 2012년 132년이나 된 기업 코닥은 파산 신청을 하고 말았다. 사장이 제대로 회사를 이끌었다면 코닥은 절대 파산하지 않았을 것이다.

단순히 디지털카메라로 트렌드가 바뀌었기 때문에 회사가 어려워졌다면 일본의 후지필름도 망했어야만 했다. 그들도 코닥과 경쟁하며 필름으로 먹고 살던 회사였기에 후지필름 또한 필름 수요 급감으로 경영에 어려움을 겪었다. 그런 후지필름이 최근에 두 번째 부활을 하고 있다.

2003년 후지필름 사장으로 취임한 고모리 사장은 취임 직후 제약,

화장품, 헬스케어를 주력으로 하는 6개의 신성장 동력 사업을 선정하고 자회사 설립에 나섰다. 뼈를 깎는 구조조정도 감행했다. 특히 후지필름은 필름화학기술과 노화방지 화장품 제조기술이 중첩된다는 사실을 발견하고는 중견 제약사를 인수해 제2의 도약을 꿈꾸고 있다.

또한 LCD TV에 들어가는 색상 조절 필름이 카메라 필름과 구조가 비슷한 것에서 착안해 새로운 성장 동력을 찾았다. 현재 색상 조절 필름 시장의 70%는 후지필름이 점유하고 있다. 최근 후지필름은 에볼라 바이러스 치료제도 개발해 새롭게 도약하고 있다.

코닥과 후지필름의 결과는 트렌드가 변화하는 타이밍에 대처하는 사장들의 행동이 회사의 미래를 어떻게 바꾸는지 극명하게 보여 준다. 같은 비즈니스를 영위해 왔고 같은 위기를 겪었지만, 두 회사의 대처 능력은 너무나도 달랐다.

똑같은 필름으로 성장한 두 회사가 디지털로 바뀌는 시기에 그 변화에 대처하는 사장의 역할에 따라 한순간에 명암이 바뀐 것이다. 사장의 자리는 그만큼 중요하다. 필름업계 1위였던 코닥은 망하고 2위였던 후지필름은 지속가능한 회사로 발전하고 있다.

게맛살 제조기의 세계 점유율 70%인 일본 야나기야社의 사장 야나기야는 회의할 때 직원들에게 제품이 팔리지 않는 이유를 묻지 않는다. 안 팔리는 이유를 물어봐야 직원들이 핑계만을 대서 회사 매출에 전혀 도움이 되지 않는다고 판단했기 때문이다. 그는 대신 직원들에게 자기네 제품이 왜 팔렸는지를 물어본다.

그런 회의 방식으로 그는 직원 수 150명에 연 매출 300억짜리 우량 기계회사를 운영하고 있다. 또한 야나기야는 고객의 요구에 따라 일본식 과자, 펫푸드, 김, 두부, 복어 껍질 벗기는 기계 등을 다양하게 생산하고 있다. 현재 게맛살 제조기는 야나기야 전체 매출의 1%밖에 되지 않는다.

동일본 대지진 재해 당시 야나기아 사장은 해당 지역 담당자들에게 고객을 직접 만나 무엇이 필요한지 물어 오라고 했다. 고객들은 빨리 일을 시작하고 싶다고 대답하였고, 이에 야나기아는 기계를 파는 대신 제품 수리를 저렴한 가격에 제안했다. 야나기야 측은 고객들이 가지고 온 기계들의 진흙과 녹을 없애고 부품을 전부 교체해 주어 고객들로부터 호평을 받았다.

비즈니스에는 타이밍이 있다. 어떤 아이템은 타이밍이 적절해서 돈을 벌었지만, 시간이 흘러 트렌드가 바뀌면 소비자들의 문의부터 뚝 떨어지기 시작한다. 나의 경우도 사업을 전환해야 할 타이밍이라고 생각한 순간 기존에 하던 사업들을 축소하였다. 기존 사업에서 돈을 벌어들이고 있었지만 새로운 광고 사업에 더 집중하기 위해서였다.

사장의 판단은 늘 회사의 차기 전략을 바라보고 있어야 한다. 현재 비즈니스의 리스크와 확장 가능한 부분까지 체크해야 잘못된 선택을 줄일 수 있고, 설사 잘못된 선택을 하더라도 바로 고칠 수 있기 때문이다. 그만큼 작은 회사에서 사장의 역할은 중요할 수밖에 없다.

인재를 잘 활용하는 사장 vs. 인재를 활용하지 못하는 사장

　삼성전자는 IROInternational Recruit Officer(글로벌 채용 전담관)라는 우수 인재 발굴을 전담으로 하는 특수조직을 가동하고 있다. LG그룹의 경영진들 또한 외국대학 캠퍼스 리크루팅은 물론 CEO들이 직접 대학 특강 등에 나가는 방법으로 핵심 인재 확보에 힘쓰고 있다.
　마이크로소프트의 창업주인 빌 게이츠는 자신의 회사에서 몇 명만 빠지면 빈껍데기만 남는다고 말하기도 하였다. 경쟁사인 애플의 아이폰 디자인과 아이패드 디자인 혁명은 모두 조너선 아이브란 탁월한 디자이너를 채용하면서부터 시작되었다. 그리고 유비는 제갈공명을 삼고초려해 중국 역사의 거대한 획을 그었다.
　인재 채용은 전쟁이며 경쟁이다. 회사의 시작은 사람이고, 그 경쟁의 시작은 제대로 된 인재를 채용하는 것에서 출발한다. 좋은 인재를 찾기 위해 대기업들은 전담부서를 만들고 CEO들은 대학을 찾아간다. 그리고 그 인재들이 회사를 변화시키고 발전시킨다.

하지만 작은 회사는 대기업들처럼 인재 발굴을 전담할 조직을 운영할 수도 없고, 대학을 일일이 찾아다니며 회사를 홍보할 여력도 없다.

사업을 시작하는 사장들은 한결같이 본인이 기획한 상품이나 서비스가 인기리에 시장으로 퍼져 나가는 장밋빛 미래를 꿈꾼다. 그걸 실행하기 위해서는 우선 직원들을 채용해야 한다.

채용 요건을 구인구직 사이트에 올려놓고 수많은 직원들이 자신의 회사에 지원하리란 생각에 설렐 것이다. 오히려 취업대란 탓에 너무 많은 사람들이 자신의 회사에 입사 지원을 하면 어떻게 하나 걱정한다. 하지만 밤새 자고 일어나면 인정하고 싶지 않은 일이 눈앞에 펼쳐진다. 지원한 이력서가 한 장도 없다는 사실을 발견하게 되는 것이다.

그러면 '왜 구직자가 아무도 없을까?' 하고 의아해한다. 요즈음 젊은 구직자들이 유명기업이나 대기업에만 입사 지원을 하는 것은 아니다. 하지만 과거 우리 세대도 중소기업은 입사 지원을 꺼렸다.

청년 실업이 심각하다고 TV 뉴스에서 떠들어 대지만, 중소기업에서는 여전히 구인난이 심각하다는 사실을 정작 창업을 하고 나서야 실감하게 된다.

J 사장은 이러한 인력난을 새로운 방법으로 극복했다. J 사장은 직원 10명 남짓의 작은 회사를 운영 중이었다. 그는 자신의 회사에 지원

하는 사람들의 수준을 높이고자 생각의 전환을 했다. 어차피 영업직을 뽑으면 직원들이 잘 오지 않는다고 판단해 비서를 뽑겠다고 생각한 것이다. 단, 경력직은 구인 공고에 넣지 않았다.

비서 충원 공고가 나가자 우수한 대학에서 비서학을 전공했거나 영문과를 졸업한 인재들의 이력서가 메일함을 가득 채웠다. J 사장은 그렇게 뽑은 3~4명의 비서들에게 기획과 총무 등 다양한 일을 맡겼다. 그는 자신이 단골로 가는 가게에서 만난 알바생을 직원으로 채용한 적도 있었다. 나는 J 사장의 창의적인 인재 등용 방식에 살짝 감동을 받았다.

인재의 기준은 절대적인 것이 아니라 상대적인 것이다. 우리 회사에서는 무능력해 보이던 사람이 다른 회사에서는 아주 뛰어난 실적을 올리는 경우가 있고, 그 반대의 경우도 있다. 따라서 인재의 기준은 우리 회사에 얼마나 적합한지 여부가 중요한 요소이다. 대부분의 회사가 이 점을 인지하고는 있지만, 그 부분이 정확하게 수치로 분석되어 있지 않다는 점이 문제로 대두된다.

우리 회사 영업팀에서 주임으로 근무했던 K는 떨어지는 영업실적에 대한 부담감으로 사직을 하고는 경쟁사의 기획파트로 이직을 했다. 그것도 과장으로. 그를 알고 있었던 우리 회사 직원들은 '그럴 줄 알았다'라기보다는 의외라는 생각을 더 많이 했다. 나 또한 그랬다. 그러나 곧 그 회사에서 실력이 없어 퇴출당할 것이라는 염려와는 달리 3년이 지난 지금까지도 K는 이직한 회사에서 인정받으며 잘 다니고 있다.

하늘에서 갑자기 회사에 큰일을 할 우수 인재가 뚝 떨어지는 것이 아니라는 것은 너무나도 잘 알고 있다. '우수 인재'라고 얼굴에 써 있지도 않다. 직원 개개인의 다양성을 인정하고 그들이 살아온 삶의 경험을 회사의 자산으로 소중히 이끌어 낼 수 있어야 인재 활용에 성공할 수 있다.

과거의 구습에 따라 변화하지 못하고 구태에 젖어 회사를 운영해서는 요즈음 젊은 직원들을 이끌고 나갈 수가 없다. 긴 호흡을 가지고 회사를 이끌어 가려면 직원을 바라보는 패러다임을 바꿔야 한다. 필요하다면 적진에서라도 인재를 데리고 와라. 그리고 미래를 위해서 그 직원을 기꺼이 대우해 주고 비전을 주자.

사업은 무수한 해고의 연속이다

중국의 역사서 『십팔사략十八史略』을 보면 제갈량이 사랑하는 부하 마속의 목을 베어 일벌백계하는 장면이 나온다. 제갈량이 평소 신임하던 마속을 장수로 임명해 전장에 내보냈는데, 마속이 제갈량의 지시를 어기고 자기 마음대로 전투를 하다가 참패를 했다. 제갈량이 지시한 전략에 따르지 않고 그가 임의로 판단해 일을 그릇되게 처리한 것이었다.

마속은 능력이 뛰어나고 성실한 장수이자 제갈량과 절친한 벗인 마량의 동생이었다. 그러나 제갈량은 눈물을 머금고 마속의 목을 베었다. 그래서 생긴 고사가 읍참마속泣斬馬謖이다. 절친한 친구의 동생을 처단하면서 제갈량은 어떤 생각을 했을까?

사업을 하다 보면 조직 전체를 위해서 직원들을 정리해야 할 때가 반드시 있다. 만약 그러한 상황에서 정리를 제대로 하지 못하면 그 회사는 더 어려워질 수밖에 없다.

영업부를 총괄했었던 L 본부장은 신입사원 때부터 내가 신임을 해 팀장을 거쳐 본부장까지 승진시켰던 직원이었다. 그가 대학교에 다닐 때 쓴 제안서가 국내 유력 통신사에 채택되었는데, 그 부분이 마음에 들어 내가 직접 그를 뽑았다.

그런데 너무 이른 나이에 높은 직급으로 승진을 해서였을까? 어느 날부터인가 갑자기 그의 지각이 너무 잦아지기 시작했다. 심지어는 L 본부장을 깨우러 직원을 그의 자취방으로 보낸 적도 있었다. 나중에 알게 된 사실이지만, 그는 당시 게임에 빠져 있었다. 밤새 인터넷 게임을 했으니 아침이면 졸려서 출근을 제대로 하지 못했던 것이다. 몇 번의 경고를 했다. 그리고 앞으로는 게임도 끊고 열심히 업무에 매진하겠다는 약속을 그에게서 받았다. 하지만 시간이 좀 지나면 그는 다시 그대로였다.

나는 몇 개월을 망설였다. 그러는 사이 영업 조직은 점점 더 망가져 갔다. 그 개인의 미래에 대한 걱정과 함께 그를 다독이고 혼내고 하면서 L에 대한 미련을 접지 못한 채로 거의 1년이란 시간이 그렇게 흘러갔다.

그 사이 기존 고객들은 더 좋은 제안을 하는 회사로 빠져나갔고 우리 회사의 신규 수주는 거의 없었으며 해당 부서의 팀원들도 상사인 본부장의 출근 시간에 맞춰서 나태해지기 시작했다. 갈수록 그 부서의 상황은 나빠져만 갔다.

그럼에도 나는 결단을 하지 못했다. L 본부장에 대해서도 포기 단계에 이르렀지만 생각을 하면 머리만 아파 왔다. 직원을, 그것도 오랜 시간 함께 고생해 온 본부장을 정리해야 한다는 것이 계속 망설여지기만 했다.

그러던 어느 날 인사부장이 내게 최종 결단을 종용했다. 더 이상 결정을 미루다 보면 부서의 붕괴는 물론 회사 매출에도 악영향을 끼쳐 장기적으로는 회사의 존폐조차 위험해질 수 있다는 것이 이유였다. 인사부장의 말이 맞았기에 그의 판단을 존중했다.

난 L 본부장을 불러서 몇 개월분의 급여를 위로금으로 지급하고 권고사직을 통보했다. 대기업이 아닌지라 더 주고 싶어도 회사 통장에 여유가 없었다. 이렇게 동고동락을 함께했던 직원을 내보내는 날이면 마음이 정말 무거웠다. 하지만 직원을 정리하기로 마음먹은 이상 늦어지면 오히려 서로에게 더 좋지 않다.

영업사원이 퇴사하게 되면, 그때부터 그 사원이 관리하던 고객사의 매출도 같이 빠져 나간다. 그걸 각오해야 했다. 또한 L 본부장은 회사를 나가면서 자신이 데리고 있던 직원들을 몇 명 데리고 나갔다. 회사 내 자신의 영향력에 대해 자신감이 있었기에 그토록 나태하게 행동을 한 것이었다. 우리 회사에서 잘리고 나서 그는 악의적으로 행동했다. 그 모습을 보면서 '왜 진작에 결정하지 못했을까?' 하고 후회를 했다.

그동안 나는 L 본부장이 '우리 회사에서 나가면 되면 생계가 어렵지 않을까?' 하고 어설픈 걱정을 했었다. 심지어는 그 직원의 식구들까지 걱정했었다. 그러나 그건 내 큰 착각이었다. 지난 1년간 그 직원에 대한 내 고민은 헛된 것이었다.

회사 직원들의 능력은 매우 다양하다. 사업 초기부터 끝까지 능력 발휘를 잘하는 직원이 있는가 하면, 반면에 사업 초기에는 능력을 잘 발휘하다가 회사가 발전하는 과정에서 능력이 정체되는 직원들도 있다. L 본부장은 후자였다.

'깨진 유리창의 법칙'이라는 말을 들어 보았을 것이다. 유리창 구석의 조그맣게 깨진 부분을 수리하지 않고 그대로 방치하게 되면 언젠간 유리창 전체가 다 깨져 버린다는 이론이다. 회사도 마찬가지다.

조직이 작든 크든 그 안에서 불만을 토로하는 직원들이 있게 마련이다. 급여나 회사 내 본인의 직위 등에 대한 불만이나 직원들과의 업무 갈등도 있고, 성격 등의 기질적인 원인에 의해 갈등이 생기는 경우도 있다.

사장은 불만이 있는 직원들을 눈여겨보아야 한다. 그리고 직원들의 불만과 갈등 상황이 무엇인지 바로 파악해 보는 것이 중요하다. 회사 내 직원들은 함께 일을 하기 위해서 모였지만, 실은 일면식도 없었던 사람들이다. 성격이나 업무 처리 방식의 사소한 다름 정도는 서로 이해하겠지 하면서 넘어갈 수 있다고 생각한다면 큰 오산이다.

사장의 입장에서 보면 그 정도는 조금씩만 배려해 주면, 또는 업무 스타일을 바꾸면 해결될 것이라고 생각할 수 있지만, 그러는 동안 직원들의 갈등은 조금씩 더 커진다. 각기 다른 삶의 경험과 능력을 가진 사람들이 함께 모여서 하나의 목표를 가지고 일하다 보면 사소한 갈등이 쌓여 문제가 발생하는 경우가 생긴다. 또 누군가는 항상 문제를 일으키는 사람으로 낙인찍혀 직원들 사이에서 인정을 받지 못하는 경우도 있다.

C 대리는 우리 회사에서 근무하는 동안 결혼을 하고 임신과 출산도 했다. 결혼할 때까지만 해도 그녀는 크게 회사에 대한 불만이 없었다.

임신을 하면 보통 일반 사람들에 비해 몸이 더 피곤해지거나 아무 때나 졸음이 쏟아지기도 한다. C 대리 또한 임신을 했을 때 그런 증상이 나타났다. 그런데 그녀는 임신을 핑계로 근무시간에 툭하면 없어져서 잠을 자고 오거나 당일 해야 하는 업무가 많음에도 불구하고 몸이 힘들다는 이유로 일찍 퇴근하곤 했다. 팀 내에서의 갈등은 이때부터 시작된 듯했다.

남자 직원들과의 갈등이 아니라 여직원들끼리의 갈등이었다. 특히 C 대리가 자리를 비우거나 업무를 다 처리하지 못했을 경우 대신 일 해야 하는 직원의 불만이 점점 쌓여 갔다. 다행히도 C 대리가 출산으로 자리를 비우게 되고 그 자리에 임시 직원이 근무를 하게 되면서 갈등은 없어지는 듯했다.

그리고 출산 휴가가 끝난 후에 C 대리는 본인의 자리로 복귀했는데, 마침 그 시기가 인사 평가와 연봉 조정이 끝난 지 얼마 지나지 않은 때였다. 인사 평가가 나빠 연봉이 많이 오르지 못한 C 대리는 불만을 토로했다. 그녀는 자신이 수시로 자리를 비우고 일을 많이 하지 못한 것은 임신으로 인한 피곤함 때문이지, 일부러 그런 것이 아니라며 따라서 자신이 높은 고과를 받지 못한 것은 부당하다고 주장하였다. 더군다나 해당 부서의 팀장이 기혼인 여자였고, 그 당시 회사에서는 인사 평가 방식으로 팀원들 간의 다면평가를 실시했었기 때문에 이로 인해 팀원들 간의 갈등은 더 커져 버렸다. 결국 나는 C 대리를 복귀 3개월 만에 다른 팀으로 전환 배치하였다.

하지만 다른 팀으로 간 후에도 C 대리의 불만은 여전했다. 그녀는 새로운 업무를 배우는 것을 힘들어했고 기대보다 낮은 연봉 인상에도 불만을 가졌던 것이다. 그때부터 그녀는 다른 부서의 직원들과 근무시간에 자주 차를 마시며 회사의 부당함에 대해서 이야기하기 시작했다.

그 후 이상하게도 C 대리와 자주 어울리던 몇몇 직원 중 2명이 갑작스럽게 사직서를 제출했다. 사직 이유를 물어보니 회사가 직원에 대한 배려가 부족하고 급여가 낮다고 하였다. 나로서는 C 대리의 문제에 대해 결단을 내려야만 했다. 결국 부서의 팀장, 본부장과 논의한 후 C 대리에게 권고사직을 통보하였다.

마음은 아프지만 어쩔 수 없다. 다들 포장은 그럴듯하게 하지만 전 세계의 모든 기업들이 구조조정에 목숨을 건다. 그것이 회사라는 조직이 살 길이기 때문이다.

직원을 정리해야 하는 상황에 닥치면 마음이 얼마나 아픈지 모른다. 사장이 회사를 운영하면서 가장 어려운 일을 꼽으라면 함께 일해 온 직원을 정리하는 일일 것이다. 회사 경영상 구조조정이 필요한 경우에는 아무래도 일을 잘하는 직원은 다른 부서로 이동시키고, 상대적으로 업무 능력이 미흡한 직원은 정리할 수밖에 없다.

모든 직원들이 회사의 변화와 발전 속도에 맞추어 쫓아오지는 못한다. 그것을 쫓아오지 못하는 직원들은 언젠가 회사에서 떠나야 하는 순간이 온다. 모든 직원을 다 데리고 갈 수는 없다. 그렇게 하는 것은 회사가 무너질 수 있다는 것을 의미하기 때문이다. 회사가 성장하려면 당장의 어려움을 이기기 위해 직원들을 정리해야만 하는 경우가 반드시 있다.

중소기업은 대기업처럼 재정적으로 튼튼한 바탕 위에 서 있는 것이 아니다. 그러므로 중소기업 사장은 직원을 정리하는 것에 대해 충분히 고민해야 한다. 그리고 결정을 내리게 되면 지체하지 말고 실천에 옮겨야 한다.

직원을 정리하는 것은 결코 쉽지 않다. 사장이 마음을 정하는 것도 쉽지 않지만 법에 의해서도 해고는 결코 쉽지 않다. 앞에서 말한 C 대리 같이 임신과 출산으로 인한 복귀자는 법적으로 일정 기간 고용을 보장해야 한다. 즉 해고가 안 된다. 때문에 방법을 달리 해야 하는데, 스스로 사직하게 하는 것이 가장 좋다. 그들에게도 충분한 재취업의 시간과 기회를 주고, 회사 입장에서도 복잡하고 어렵게 처리할 필요가 없어 서로에게 좋은 것이다.

직원을 정리하는 것이 어렵다면 사업을 시작하지 말기를 권하는 바이다. 그만큼 어렵지만, 회사를 운영하는 데 구조조정은 매우 중요한 일이다.

사장과 직원의 차이점

　사장은 몸은 편하지만 머리가 늘 바쁘고, 직원은 몸은 바쁘지만 머리는 한가하다. 또한 사장과 직원은 서로 시간이 다르다.

　직원들은 열심히 일한다. 하지만 회사 업무를 집에 가지고 가서 밤잠을 못 이루거나 주말에도 회사의 해결되지 않은 업무 때문에 끙끙대는 경우는 드물다. 또한 아무리 매출 목표에 미달하였다고 하더라도 걱정이 되긴 하지만 해결 방법과 그 결과에 따른 책임에 대해서는 깊이 고민하지 않는다. 그 책임은 상급자에게 넘기는 그만이기 때문이다. 그 최종 책임자는 사장이다. 그 누구도 대신할 사람이 없다.

　사장은 회사의 미래를 위해서 새로운 사업 구상도 해야 하고 회사의 전략을 놓고도 늘 고민해야 한다. 새로 출시한 제품이나 솔루션이

트렌드에 맞고 고객에게 좋은 피드백을 받고 있는지도 수시로 체크해야 한다. 회사의 자금 흐름에 문제가 없는지도 늘 신경 써야 한다. 사장 자신의 체력 관리를 위해서도 시간을 할애해야만 한다.

직원들은 자신에게 주어진 일만 하면 되지만, 사장은 이처럼 일을 찾아서 해야 한다. 사장이 당장 하루의 주어진 일만을 하는 회사는 비전이 없다. 사장은 매년 회사의 매출 목표를 달성시키면서도 향후 최소 2~3년간의 회사 매출도 예측하고 리스크 요인들도 줄여 나가야 한다. 사장은 자기개발을 위해서 부단히 노력해야 한다. 아울러 회사 직원들의 자기개발에 대해서도 책임지고 이끌어 나가야 한다. 직원들의 자기개발은 곧 회사의 발전을 의미하기 때문이다.

사장은 숲을 보고 그 숲의 미래를 봐야 한다. 따라서 사장이 숲속에서 일을 하면 큰 시야를 놓칠 수 있다. 사장은 실무를 하는 사람이 아니다. 오히려 사장은 실무를 하는 사람들이 보다 업무를 잘할 수 있도록 도와주고 지원해 주는 사람이다. 사장이 심리적으로 한가해야 직원들을 돌아볼 수 있다.

사장은 걱정을 하는 사람이다. 미래를 걱정하는 사람이다. 미래를 걱정하는 것이 사장의 역할이다. 직원들은 숲을 잘 관리하고 가꾸는 일을 한다. 그들이 주어진 업무를 잘하면 회사는 늘 일정한 수익을 얻을 수 있고 다들 행복하게 직장생활을 할 수 있다. 직원들은 오늘 하루 열심히 일해 주면 족하다. 회사의 내일과 미래는 언제나 사장의 몫이다.

사장과 직원은 책임감의 크기가 다르다. 주말이 되면 직원들은 마음 편히 회사 일을 잊고 쉴 수 있지만, 사장의 고민은 그때부터 시작된다.

거래처를 새로 발굴해야 하고 지금 관리하고 있는 거래처를 놓쳐서도 안 된다. 또한 일감을 주는 업체의 눈치도 봐야 한다. 회사 매출이 팍팍 올라 주었으면 좋겠지만 현실은 그렇지 못하다. 매출은 신기하게도 딱 먹고살 만큼만 유지된다. 대박이 나지도 않고 그렇다고 손해를 엄청 감수해야 할 만큼의 적자도 나지 않는다. 약간 부족할 정도의 수지가 맞추어진다. 그러다 보니 당장 오늘 하루, 이번 주의 매출이 매우 중요하게 다가온다. 매출은 쥐꼬리만큼 올라가는 데 적자가 날 때는 산사태 나듯이 엄청나게 많이 발생한다. 특히 중소기업 사장들은 갑을병정에서 '정'과 같은 존재다. 거래처 눈치도 봐야 하고, 직원들 눈치도 봐야 한다.

사장은 다양한 전문지식으로 무장해야 한다. 자신과 직접 관련된 업무 지식은 물론 타 분야에 대해서도 끊임없는 지식을 함양해야 한다. 그렇다고 사장에게 따로 공부를 할 시간이 많이 주어지는 것도 아니다. 인맥도 평소에 잘 쌓아 두어야 한다. 사장의 인맥은 위기의 순간에 발휘되기 때문이다.

광고대행사를 운영하는 C 사장은 광고주를 만나러 갈 때 보통 약속 시간보다 1시간에서 2시간 전에 도착한다. 미리 가서 카페에 자리를 잡고 생각할 시간을 확보하는 것이다. 그리고 제안을 하거나 할 이야기를 정리하고 나서 시간이 남으면 전자책을 읽거나 새로운 아이템에 대해서 생각한다. 그의 배낭에는 항상 노트북이나 전자책 단말기가 담겨져 있다. 고급 정보는 모두 책 속에 들어 있다. 사장은 인터넷에 나온 일반 자료들로 만족해서는 안 된다. 하나의 정보를 찾더라도 더 심화된 정보가 없는지 반드시 살펴봐야 한다.

사장에게 돈은 목적이 아니라 수단이어야 한다. 사장은 돈이라는 재화를 활용해 시공간을 압축하며 살아야 한다. 시간을 절약하기 위해 택시를 타기도 하고 거리를 압축하기 위해 비행기를 타기도 한다. 직원들이 한 푼이라도 아끼려고 할 때 사장은 직원들을 위해 한 푼이라도 더 버는 것에 자신의 재화를 사용할 수 있어야 한다. 고객과의 중요한 계약이 있다면 거리를 따지지 않고 비행기를 타야 한다.

사장은 결재를 미루지 않는 것이 좋다. 그것을 미루면 직원들의 업무 처리는 훨씬 더 늦어질 수 있다. 사장의 업무를 시계의 시침이라고 하면 본부장의 업무는 분침, 직원의 업무는 초침과 닮아 있다.

사장은 오랜 고민을 통해 사업의 방향성을 정해야 한다. 그렇게 정해진 방향성은 결국 본부장들의 행동 지침으로 이어지고 직원들의 무수한 실행으로 채워지기 때문이다. 그래서 사장의 책임감은 직원들의 책임감과는 다르다.

사장은 목적지에 대한 방향을 결정하는 자리이고, 직원은 결정된 목적지를 향하여 이동을 실행하는 자리다. 사장이 동서남북의 방향을 정하는 순간, 배는 그 목적지를 향해 직원들의 노력으로 앞으로 나아가기 시작한다.

장사가 아닌
사업을 하라

장사란 무엇이고 사업이란 무엇일까? 사무실에서 업무를 보면 사업이고, 식당에서 음식을 나르면 장사일까? 아니면 직원이 없거나 한두 명 정도로 적은 규모면 장사이고, 직원이 30~40명 정도 규모이면 사업일까?

나는 사장이 사무실에서 항상 자리를 지키며 근무하고 있지 않아도 회사 업무가 문제없이 돌아가고 있다면 그것은 사업인 것이고, 사장이 반드시 자리를 지켜야만 업무가 진행된다면 그것은 장사라고 생각한다.

어떤 사장은 작은 가게를 운영하고 있지만 사업을 하는가 하면, 또 어떤 사장은 큰 회사를 가지고 있지만 장사를 하기도 한다.

직원들에게 업무에 대한 위임을 하지 못하면 장사를 하게 된다. 결국 장사와 사업의 차이는 시스템의 존재 여부다. 그 시스템은 사장이 자리를 지키고 있지 않아도 운영이 되느냐 안 되느냐에 따라 결정된다.

보통 장사하는 사람들을 보면, 모든 권한을 카운터를 지키고 있는 사장이 가지고 있다. 매일같이 적지 않은 금액의 현찰을 만지기 때문에 자리를 비울 수 없다.

내 어린 시절 아버님 친구분 중에 그의 부친으로부터 20억 원 정도의 적지 않은 재산을 상속받으신 분이 계셨다. 그 친구분은 매우 기뻐하면서, 당시로는 돈을 잘 벌 수 있는 인기 아이템이었던 목욕탕이 포함된 6층짜리 건물을 서울 변두리 지역에 샀다.

그 친구분은 원래 내 아버님과 매일 같이 만나서 산책도 하고 바둑도 두면서 쉬엄쉬엄 중년의 인생을 즐기며 사셨던 분이셨다. 그런데 그 6층 건물에 있던 목욕탕을 운영하시면서부터는 동네에서 그분의 모습을 쉽게 볼 수가 없었다.

명절이 되어 우연히 친구분이 운영하는 목욕탕에 아버지와 함께 들렀을 때 그 이유를 알게 되었다. 그 집의 모든 식구들이 그날도 돌아가면서 카운터를 지키고 있었던 것이다. 당시는 신용카드도 잘 사용하지 않았던 때라서 목욕탕을 이용하는 손님들이 전부 현금을 냈는데, 그 현금을 받기 위해 가족들이 모두 목욕탕에 매여 있었던 것이다. 그분이 만약 시스템을 만들어서 목욕탕 사업을 하셨다면 가족들과 함께

여행도 다니시면서 더 많은 목욕탕들을 운영하고 계시지 않았을까?

중소기업의 사장들 대부분이 모든 부서의 업무에 사사건건 간섭하고 자신의 의견을 피력하는 것을 본다. 사장들과 함께 골프를 치다 보면 그 회사의 사정이 한눈에 보인다. 수시로 회사에서 연락이 오는 사람도 있고, 반면에 회사로부터 연락이 없거나 한두 번의 통화가 전부인 사장도 있다.

만약 회사에서 수시로 전화가 올 경우에 '사업을 시작한 지 얼마 되지 않아서 회사의 체계가 잡히지 않았거나 또는 큰 프로젝트가 중간에 문제가 생겼거나 아니면 조직이 제대로 돌아가지 않고 있어서 저렇게 사장에게 전화를 하는구나' 하고 생각하게 된다.

이와 똑같은 일이 많은 회사에서 지금도 일어나고 있다. 그 회사들의 사장은 매일매일 경리를 통해 자금 흐름을 보고받는다. 또한 회사의 모든 사소한 일에 관여를 하고 하루 12시간이 넘도록 일을 한다. 그리고 직원들을 신뢰하지 못하고, 자신이 모든 일을 처리해야만 안심을 하고, 그렇게 일을 해서 나온 성과를 자화자찬한다. 물론 사장은 자기 자신의 능력이 좋다고 생각하고 처음부터 회사의 모든 업무를 관장했기 때문에 사장이 직접 일을 하면 직원들에 비해 성과가 높긴 하다.

하지만 사장이 사소한 모든 일을 관여하고 결정하고 직접 행한다면 사장의 의도와는 다르게 직원들에게 더 혼란만 줄 뿐이다. 결국 모든 일은 사장의 지시가 없으면 제대로 돌아갈 수 없을 것이고, 사장은 그 일들을 혼자서 다 처리하느라 너무 바쁠 수밖에 없다. 그러다 보면 사업 확장이나 신규 사업에 대한 검토는 꿈도 꾸지 못하게 된다.

사장의 가장 중요한 업무는 매일같이 벌어지는 선택의 갈림길에서 의사결정을 하는 것이다. 회사 업무의 대부분은 선택이다. 이 프로젝트를 할 것인지 말 것인지, 누가 가장 적임자인지, 내년도 급여는 어떻게 책정할 것인지 등등 회사에서 결정해야 할 의사결정의 수는 엄청나게 많다. 중요한 의사결정을 내리는 사장은 그래서 직원처럼 실무를 하느라 바빠서는 안 된다.

회사 업무를 함에 있어서 권한 위임을 적절하게 하지 않으면, 이는 또 하나의 장사로 전락하고 만다.

스타트업 기업의 사장들이 직원들과 한 사무실에서 같은 책상을 쓴다고 해 화제 기사로 소개되는 경우를 간혹 본다. 나쁘지 않다. 이는 직원들과 격의 없이 평등하게 지내는 사장임을 보여 주는 것이기도 하고, 직원들과 함께 일하면서 실시간으로 주변에서 일어나는 일을 확인할 수 있다는 이점이 있다. 또한 아직 조직이 정비되기 전이기 때문에 일이 생길 때마다 즉시 업무 조율이 가능하며, 직원 한 명 한 명의 업무 진행 스타일과 위기관리 대처 능력에 대해 파악하는 것이 가능하다. 그러한 경험과 정보를 바탕으로 시스템이 만들어진다.

하지만 많은 회사들이 이러한 시스템을 만들려고 시도하지만 잘 안되는 이유는 직원들에게 권한 위임을 잘 하지 못하기 때문이다. 권한 위임의 시스템화는 체계적으로 준비해야 만들어질 수 있다.

나도 처음에는 그랬다. 수시로 팀장들은 새로운 문젯거리를 가지고 내 방에 들어왔고, 이것에 대해 나는 마치 막 임용된 판사마냥 매 건에 대한 문제를 혼자서 판단하고 결정 내렸다.

하지만 내가 1차 해결방안에 대해 결정을 내리면 직원은 마치 스무고개를 하듯이 이런저런 문제가 발생한다며 다른 방안을 요구했고, 그때마다 회의를 수시로 해야만 했다. 그러다 보면 문제 해결은 점점 늦어지게 되고 직원들과의 회의만 기하급수적으로 늘어났다.

그러던 어느 날 한 임원이 내게 이렇게 물었다.

"상세 내용에 대해서는 그 담당자가 가장 잘 알고 있고, 문제의 해결 방법 또한 그 담당자가 가장 잘 알고 있지 않을까요? 그런데 왜 대표님이 사소한 문제의 해결 방법까지 일일이 제시하시고 계신가요?"

그 한마디의 말로 나는 문제 해결의 1차 방안을 만드는 권한을 해당 부서장에게 부여했다. 결정해야 할 문제를 가지고 있는 해당 부서의 담당자가 부서장과 상의해 몇 개의 해결 방법을 나에게 가지고 오면, 나는 그중에서 하나를 선택하고 그대로 진행하기만 하면 되도록 하였다. 부서장이 없을 경우에는 담당자가 직접 해결 방안에 관한 제안서를 작성해 나와 함께 결정을 내렸다. 이렇게 하니까 내가 혼자 고민하고 결정을 내렸을 때보다 더 구체적이고 다양한 대안이 나왔고, 결정 또한 빨랐다.

권한에는 책임이 따른다. 권한을 위임하는 것이 곧 방관자가 되라는 말은 절대 아니다. 권한 위임은 리더십의 핵심이다. 권한 위임은 권한의 분배가 아니라 권한의 확장이다. 리더가 미처 하지 못하는 부분을 과감히 인정하고 그 부분을 다른 사람에게 위임하는 것이다.

사장은 특정 분야의 일을 잘하는 사람에게 업무와 권한을 위임하고 자신은 그 시간에 새로운 분야를 개척해야 한다. 그리고 그렇게 개척한 일이 하나의 캐시카우가 되면 다시 조직을 꾸려 직원들에게 일을 맡기고, 사장은 또다시 더 높은 목표를 향해 나아가야 한다.

대체 가능 인력으로서의 사장

일식집을 하려면 사장부터
일식조리사 자격증을 따라

일식집을 하는 지인이 있다. 그는 퇴직금을 털어 목 좋은 곳에 매장을 열었다. 매장이 깨끗하고 음식 또한 맛있고 신선하다는 입소문이 나면서 매출이 조금씩 늘어났다. 그러던 어느 날 그 지인으로부터 주방장이 월급을 받고 잠적했다는 소리를 들었다. 그는 사업하면서 이런 상황이 생길 줄 몰랐다고 볼멘소리를 했다.

하지만 사업을 하려면 이런 최악의 시나리오까지 생각해야 한다. 일식집을 하는 데 가장 중요한 것은 주방장이다. 주방장의 역량이 그 일식집의 초밥 맛을 결정한다. 주방장은 일식집의 핵심 엔진이다. 만약 사장이 핵심 엔진이 가동되지 못하는 상황에 대한 대비책을 가지고 있지 않으면 이런 문제가 발생되는 것은 당연하다.

그래서 일식집을 하려고 하면 사장은 무엇보다도 가장 먼저 일식조리사 자격증을 따야 한다. 사장이 직접 생선을 만져 회를 뜨고 초밥을 만들 줄 알아야 한다. 그때서야 비로소 일식집을 어떻게 운영해야 성공할지가 보일 것이다. 일단 사업을 시작하면 다시 교육을 받을 수 있는 시간이 부족하다. 그러므로 장사를 시작하기 전 최소 6개월 이상 일식 요리에 대해 배워야 한다. 사장이 일식요리를 할 수 있는 곳과 그렇지 않은 곳은 다르다. 사장이 직접 회를 뜨는 일식집은 대부분 손님들로 붐빈다.

사장이 핵심을 가지고 있으면 직원들 또한 사장을 대하는 태도부터 다르다. 사장이 일식요리가 가능한 매장의 주방장은 함부로 사장에게 불만을 토로하거나 퇴사하는 경우가 드물다. 언제든지 자신을 대신해서 사장이 요리할 수 있다는 사실을 잘 알고 있기 때문이다.

이와 마찬가지로 사장은 어떤 회사를 경영하든지 가장 기초가 되고 핵심이 되는 부서의 일을 해 보고 경험을 쌓아야 한다.

Y 사장은 기업들의 홈페이지를 제작하는 웹에이전시를 운영했다. 하지만 본인이 웹디자인을 할 줄 모르니 직원들 실력을 평가하기도 어려웠다. 또한 고객과의 약속한 마감 스케줄을 맞추기 위해서 디자인을 담당하는 디자이너들을 닦달하다 보니, 그들과 갈등이 생기기 일쑤였다. 그래서 Y 사장은 틈나는 대로 웹디자인을 배웠다.

그렇게 디자인을 배우고 나니 디자이너들의 업무가 눈에 보이기 시작했다. 그리고 디자이너들의 고질병인 엘보(손목이나 손가락 사이에 생기는 통증)도 이해할 수 있게 되었다. 그러자 비로소 디자이너들이 쫓아오기 시작했다. 디자인 작업을 직접 해 보고서야 직원들과의 진정한 소통이 시작된 것이었다.

JC하모니의 양재근 사장은 자수성가한 사람으로 대표적인 일본통이다. 1988년 군 제대 후 복학을 준비하던 중에 아버님이 뇌졸중으로 쓰러지셔서 복학은 꿈도 꿀 수 없는 상황이 되었다. 그러자 그는 일명 '노가다'(막노동)를 해서 번 돈으로 무작정 일본행 왕복티켓을 끊었다.

처음 그에게 주어진 일은 회전초밥집의 접시닦이였다. 하루 12시간씩 일을 했는데, 두 달 동안 힘들게 일하고 나니 한국 돈으로 환산해 200만 원을 손에 쥘 수가 있었다. 당시 한 한기 등록금이 55만 원 정도여서 1년치 등록금과 비행기 왕복 삯을 번 셈이었다. 양 사장은 그렇게 네 차례나 일본을 다녀오고 나서야 비로소 대학을 졸업할 수 있었다.

그는 일본어도 접시닦이를 하면서 배웠는데, 자칭 '사라다 일본어'라고 부른다. 그렇지만 인덕대학교에서 겸임교수로 1년간 일본어를 가르칠 정도로 실력이 출중했고, 그의 일본어 강의는 학생들 사이에서 정말 재미있다고 소문이 나기도 했다.

대학을 졸업했지만 정작 원하는 대기업에서는 그를 뽑아 주지 않았다. 하는 수 없이 전자부품 오퍼상에서 3년 동안 근무를 하다가 의류 회사인 (주)신원으로 자리를 옮겼다. 그러나 IMF로 회사가 법정관리에 들어가는 바람에 어쩔 수 없이 회사를 그만두고 동대문에 좌판을

깔고 5년간 옷 장사를 했다. 그렇게 일해서 번 돈 2,000만 원으로 그는 2002년에 의류 회사를 창업했다. 주요 거래처는 일본이었다. 첫해에만 50억 원의 매출을 올렸고 2006년에는 100억 원의 매출을 올렸으며, 작년에는 약 250억 원의 매출을 올렸다. 현재는 구로동에 사옥을 보유하고 있으며, 최근에는 방글라데시에도 공장을 오픈했다.

그는 자신이 잘 알고, 잘하는 분야에 집중해서 사업을 성공으로 이끌었다. 그는 젊은 시절 노가다를 해 번 돈으로 일본으로 건너가 그곳에서 돈에 대한 가치와 일본어를 배웠다. 그리고 이후 한국의 직장생활에서는 의류를 배웠다. 그러고 나서 본인이 경험하면서 습득한 지식을 그대로 사업에 접목시켰다. 진정한 일식집 주방장 같은 대표다. 자신이 잘 아는 분야에서 회사를 창업했고, 그걸 토대로 회사를 성공시킨 것이었다.

사업을 하려고 마음먹고 있으면, 언젠가는 기회가 온다. 그 기회를 보고 사람들은 사업에 뛰어든다. 어떤 분야에서든지 사장은 그 분야의 핵심 업무를 배우려고 노력해야 한다. 사장이 알고 하는 사업과 그렇지 않은 것과는 하늘과 땅 차이다. 문제는 핵심 업무에 대한 사장의 통찰력이다.

일식집의 예를 한번 더 들자면 일식집에서의 핵심은 주방 업무이다. 일식집 주방 업무에 대해서 자신이 잘 알거나, 모르더라도 관련 인맥이 풍부해 언제든지 주방장을 채용해 업무 공백을 메울 수 있는 능력이 있다면 일식집을 차리더라도 전혀 문제가 되지 않는다.

사장의 명함에는
힘이 있다

　사장보다 더 회사의 상품을 정확하게 이해하고, 사장보다 더 절실하게 그것이 판매되기를 원하는 사람은 없을 것이다. 그래서 사장이 명함을 직접 들고 나가 영업하면 거래 상대방도 호감을 가지고 대해 준다. 특히 유교사상이 뿌리 깊은 우리나라에서 회사 내 가장 높은 직급인 사장의 명함은 거래처의 상대방으로 하여금 예를 다해 대접을 받는다는 느낌마저 들도록 해 준다. 그만큼 사장의 명함에는 힘이 있다.
　가끔 영업매장에서 직원이 실수하면 "사장 나와!"라고 말하는 고객을 볼 수 있다. 직원은 문제를 해결해 주지 못하지만, 사장은 해결해 줄 힘이 있다는 것을 아는 것이다. 또 직원의 잘못에 대해 사장이 나와서 사과를 하면 직원이 사과를 했을 때보다 고객의 마음이 한결 더 누

그러지는 경우도 많다.

신라호텔의 한 식당에서 한복을 입었다는 이유로 고객이 입장을 거부당한 사건이 SNS 등을 통해 사회적인 관심을 끌었던 적이 있었다. 그 사건으로 신라호텔의 이미지가 사람들에게 부정적으로 각인되자, 신라호텔 측에서는 부랴부랴 SNS 계정을 통해 임원급인 전무가 나서서 사과에 나섰지만 일은 수습되지 않았다. 결국 이부진 신라호텔 대표이사가 직접 당사자를 찾아가 사과하자 어느 정도 사건이 수습되었다.

사업 초기에 살아남기 위해 나는 무척이나 힘든 시간을 보냈다. 직원은 겨우 5명에 불과했지만, 그걸 유지하기가 만만치 않았다. 일거리도 부족하고, 어떻게 그 어려움을 헤쳐 나가야 할지 몰라 불면의 밤을 수차례 지새웠다. 여차하면 회사 문을 닫아야 할 판이었다.

그 무렵 지인을 통해 R 골프장 측에서 연락을 해 왔다. R 골프장 관계자는 홈페이지 제작도 가능하느냐고 물었다. 이미 찬물 더운물 가릴 때가 아니었기에 가능하다고 답변하였다. 그런데 경쟁 PT가 있었다. 그 PT를 상대 업체에서는 팀장이 했지만, 우리 회사에서는 사장인 내가 직접 했다. 그리고 마침내 그 계약을 수주했다. 내 생각으로는 아마도 사장이 직접 나서서 적극적으로 프레젠테이션에 임했던 전략이 적중했었던 듯싶다. '본인들의 일처럼 잘 진행해 주겠구나' 하는 인상을 R 골프장 측에 준 것이었다. 이 프로젝트의 수주는 신생회사인 우리 회사가 업계에서 자리를 잡는 데 큰 도움을 주었다.

이후 매출도 늘고 직원들도 늘었지만, 회사 입장에서는 뭔가 고객들에게 신뢰를 줄 만한 타이틀이 필요해 보였다. 이전부터 국가에서 주는 상을 받으면 업계에서 인정을 받을 것 같다는 생각을 했다. 광고대행사가 대한민국 인터넷 대상을 받은 전례가 없었기에 그래서 그것을 준비하도록 직원들에게 지시했다.

2007년에 처음으로 시도했으나 아쉽게도 탈락했다. 다시 2008년에 도전했지만 이번에도 탈락했다는 소식이 들려왔다. 2009년에는 반드시 수상하고 싶었다. 우리 회사는 연줄도 없었기에 다시 한번 실력으로 부딪쳐 보는 수밖에 없었다.

그리고 이번에는 사장인 내가 직접 프레젠테이션을 했다. 앞에 앉아 있는 심사위원들에게 일단 우리 회사에 대해 소개한 후, 이어 왜 인터넷 광고가 앞으로 세상에 유용하게 될지에 대해서 설명했다. 그러면서 우리 회사가 추진하고 있던 중소기업 수출화 사업에 대해서도 디테일하게 설명을 이어 나갔다. 그리고 마지막으로 인터넷이 앞으로 우리 미래의 디지털 환경에서 차지할 영역과 기여에 대해 설명하는 것으로 PT를 마무리했다.

그렇게 프레젠테이션을 마치고 나서 일주일이 지난 후, 주최 측으로부터 우리 회사가 2009년 대한민국 인터넷 대상에서 한국인터넷진흥원장상을 수상하기로 결정되었다는 통보를 받았다. 짜릿한 순간이었다. 사장인 내가 직원의 관점이 아닌, 고객의 입장에서 보았던 것이 주효한 것이었다.

그렇게 '인터넷 대상'이라는 타이틀이 우리 회사에 안겨지자 업계에서는 놀라워했다. 그해에 대통령상을 받은 업체는 다름 아닌 그 유명한 안철수바이러스연구소였다. 그만큼 이 상은 업계에서 이름값 하는 회사들에게 주는 상이었던 것이다. 그 이후 우리 회사는 '대한민국 인터넷 대상 수상'이라는 타이틀로 인해서 경쟁 프레젠테이션을 하는 족족 일을 수주할 수가 있었다.

매번 무거운 식사를 하기 힘든 것처럼 모든 일에 사장이 끼여 드는 것은 숲을 보는 것을 힘들게 만든다. 사장은 중요한 순간에 움직이는 것만으로 충분하다. 늘 스페어타이어처럼 대기하고 있다가 문제가 생기는 것에 사장의 힘이 닿으면 그만이다.

사장 명함이 힘이 있는 이유는 회사를 대표한다는 것과 그 명함의 무게감이 더 무겁기 때문이다.

경쟁사를 바라보는
시야를 넓혀라

대부분의 사장들은 관련 업종에서 자신의 회사를 제외한 나머지 경쟁사들이 모두 사라지기를 바랄 것이다. 경쟁이 사라지면 자신의 회사가 독점적으로 제품을 공급하게 될 것이라는 착각에 빠져 있기 때문이다.

사업을 시작하면서 나 또한 그런 소망을 품었던 적이 있었다. 특히, 우리 회사의 제안서가 시중에 나돌아 다니고, 심지어는 마치 우리 회사 직원인 것처럼 사칭하며 영업하는 업체를 보았을 때는 그러한 생각이 더 간절해졌다. 입찰 PT에 져서 다른 회사에게 계약을 빼앗긴 경우에도 그러했다. 그런데 경쟁사가 모두 없어지는 것이 우리 회사에게도 반드시 그렇게 좋은 것일까?

지금의 휴대폰 시장을 보면 삼성과 애플이 경쟁적으로 매년 신제품을 만들어 내며 시장을 선도해 가고 있다. 만약 애플이 없었다면 삼성이 이렇게 비약적으로 휴대폰 시장에서 발전할 수 있었을까? 마찬가지로 애플 또한 삼성이 없었다면 매년 신제품을 출시할까? 그렇지는 않았을 것이다. 처음 스마트폰이 나왔을 때는 삼성이 애플을 카피했지만, 요즈음은 애플도 삼성의 아이디어를 베낀다.

신제품이 세상에 나오면, 곧이어 카피제품이 따라 나온다. 특히, 중국 같은 나라가 싼 인건비를 무기로 무자비하게 우리나라 제품을 베끼다 보니 우리나라 기업들이 정말 힘들다며 하소연하는 경우를 많이 본다. 하지만 우리도 1970~80년대 경제 성장기에는 일본과 독일의 우수한 제품을 가져다 놓고 그대로 베꼈다. 카피제품이 나왔다는 것은 그만큼 대중들에게 인기 있는 상품이라는 뜻이다. 제조사 입장에서는 더 우수한 차기 버전을 만들어 내면 그만이다. 그리고 소비자들의 선택을 받기 위해 경쟁자들이 서로 열심히 노력하다 보면 제품은 한층 더 업그레이드되고 서비스 또한 더 좋아지게 마련이다.

사업 초기에는 경쟁사가 점차 늘어나는 것에 온 촉각이 곤두서고 힘들었었다. 하지만 시야를 좀 더 넓혀서 보니 그것이 긍정적인 부분도 많다는 것을 곧 알게 되었다. 우선 동종업계의 경력자들이 많아졌다. 즉 경력직원의 수급이 이전보다 훨씬 더 수월해진 것이다. 그리고 업체들이 많아지다 보니 이 업계의 입장을 대변해 주는 협회도 생겼다. 협회를 통해 가이드라인이 생겨 업체 간 분쟁도 줄어들었으며,

고객사와 문제가 발생했을 때 타 업체에서 대응했던 방안을 참고삼아 일을 잘 처리할 수 있게 되었다.

마트에 가서 형광등이나 건전지를 사려고 하면 국산제품이 거의 없다는 사실을 알게 된다. 이 업종은 과거 대기업이 들어오지 못하도록 업종 제한을 해 국내 중소기업을 보호하려고 했던 제품군이었다. 하지만 이제는 더 거대한 다국적 기업들에게 자리를 빼앗기고 말았다. 국내 중소기업을 보호하려고 했던 정책이 오히려 그 제품군에서 완전히 배제되어 버리는 악영향으로 되돌아온 것이다.

인류 역사는 곧 경쟁의 역사다. 과거 전 세계를 호령했던 영국과 프랑스의 식민지 쟁탈전은 두 국가 간의 경쟁에서 시작되었다. 수많은 영국령과 프랑스령이 한때 치열했던 식민지 확보 경쟁의 산물이다. 인류의 역사는 이렇게 적자생존의 원칙에 따라 발전되어 왔다.

경쟁은 인류가 생존하는 방식이다. 남의 회사의 기밀을 몰래 해킹한다든지 훔친다든지 하는 부정한 방법은 문제이지만, 공정한 경쟁은 소비자에게 오히려 득이 된다. 그리고 경쟁사들끼리의 건전한 경쟁은 상호 견제와 균형을 가지고 시장의 붕괴를 막아 내는 파수꾼 역할을 한다.

비즈니스를 하다 보면 어느 날 경쟁사가 사라져서 해당 업종이 아예 축소되는 경우를 종종 보게 된다. 사장이라면 더 큰 세계를 바라볼 줄 알아야 하고 경쟁사를 바라보는 눈도 달라져야 한다.

배들이 모여서 하나의 커다란 선단을 이루면 물고기들을 쉽게 가두어 잡을 수 있다. 길거리의 가게들도 하나씩만 덜렁 있으면 영업이 잘 되지 않지만, 같은 업종들이 모여 있으면 하나의 트렌드가 되고 특색 있는 거리를 형성한다. 가구점이 한데 모여 있으면 가구거리가 되고, 카페들이 모여 있으면 카페골목이 되는 것이다. 건강한 경쟁은 시장의 파이를 더 키운다.

사업 초기에는 나도 경쟁사를 끔찍이 싫어했다. 만나 본 적도 없었던 그들은 괴물이었고 도깨비였다. 하지만 업계 모임을 나가게 되면서 그들도 나와 같이 회사의 생존을 위해 고민하는 사장이란 사실을 깨달았다. 그래서 직원 관리라든지 여러 가지 부분에 대해서 허심탄회하게 서로 이야기를 나눌 수 있게 되었다.

같은 업종의 타 회사 사장과의 조우는 내게 많은 교훈을 주었다. 때로는 잘하는 회사를 벤치마킹도 하게 되었고 여러모로 많은 도움을 받았다. 『전쟁의 미학』이란 책을 보면 이런 구절이 나온다.

"친구를 가까이 해라, 그리고 적은 더 가까이 해라."

우리 강소기업 사장들에게 시사점을 주는 말이 아닐 수 없다.

사장의 가장 큰 업무는 고민이다

　사장의 가장 큰 업무는 고민이다. 미래를 걱정하지 않는 사장은 찾아보기 힘들다. 모든 영역에서 시장을 놓고 각 기업들이 생존 경쟁을 치열하게 벌이고 있는 현재의 비즈니스 구조로는 지속적인 이익을 보장받지 못한다. 기업을 둘러싸고 있는 비즈니스 환경은 늘 변화하기 때문이다. 더군다나 디지털 세계는 더욱 빠르게 변하고 있다. 이런 상황 속에서 조직을 변화시켜야 하는데, 어디서부터 바꿔야 할지 몰라 항상 깊은 고민이 사장을 에워싼다.

　직원들은 매년 급여 인상을 요구한다. 사장이라고 왜 직원들 급여를 올려 주고 싶지 않겠는가? 하지만 그렇게 직원들의 급여를 무계획적으로 올려 주다 보면 회사 운영자금이 잘 융통되지 않을 수도 있다.

현금 흐름이 갑자기 막히면 회사가 잘 돌아가지 않는다. 그렇다고 그 상황을 직원들이 무작정 기다려 주지도 않는다. 회사가 어렵다는 것이 소문나면 오히려 유능한 직원부터 가장 먼저 그만둔다. 그들이 필요한 시점에 회사를 관두게 되면 회사의 침몰은 가속화된다. 그래서 자금 관리는 사장의 고민 중에서 가장 원초적인 고민이다.

사장은 회사의 중장기 전략도 세워야 한다. 틈나는 대로 각종 자료들을 참조해 시장에서 일어날 중장기적인 변화에 대해 고민해야 하는 것이다.

사업 스트레스는 사업체를 운영해 보지 않은 사람들의 입장에서는 상상하기 어려울 정도다. 겉으로는 환하게 웃지만, 사업을 하는 사람의 속마음은 고층건물과 고층건물 사이를 외줄 하나에 의지해 건너는 사람의 심정과 비슷하다.

사장은 비즈니스가 항상 잘될 수 없다는 사실을 잘 알고 있다. 비즈니스가 잘된다고 소문이 나면 경쟁업체들이 하나둘 들어서고, 비즈니스가 잘 안될 때는 당장의 회사 운영비 조달과 직원 인건비를 걱정해야 하는 처지가 된다. 사업을 확장할 것인지, 만약 확장을 하게 되면 시기는 언제쯤 할 것인지, 사무실 공간을 넓힐 것인지, 직원은 얼마나 더 뽑아야 할 것인지, 수익이 안 되는 사업을 정리할 것인지 등등 온통 고민하고 결정해야 할 것투성이다.

회사 규모가 커졌다고 해서 걱정거리가 없어지는 것도 아니다. 사업 규모가 커지면 그만큼 리스크도 함께 커지기 때문이다.

사업 초기 직원들이 2~5명 내외일 때는 사업에서 손해가 나더라도 한 달을 기준으로 따져 보면 몇백만 원에 불과하지만, 직원들 수가 수십 명을 넘어서기 시작하면 그 손해 규모가 몇천만 원에 달한다. 그런 식으로 몇 달 동안 적자가 나게 되면 버틸 수 있는 중소회사들은 드물다. 금수저가 아닌 바에야 회사는 물론이고 사장의 가정 경제까지 무너진다.

실제 사업을 하다가 부도가 나서 힘들어하는 사장들을 가끔 보았는데, 그들은 하나같이 힘겹고 어려운 시기를 보냈다. 재기에 성공하는 경우는 극히 드물었다. 누가 부도가 나고 싶어서 나겠는가? 그들도 최선을 다했지만 세월이 흐르고 트렌드가 바뀌는 것을 막을 수 없었기 때문이 아닌가? 적절한 타이밍에 변화하지 못하면 소위 좀비기업이 되고 만다. 2015년 9월 「한국일보」 기사에 따르면 상장사들의 30%가 이자보상비율 1 이하의 좀비기업이라고 한다. 참고로 이자보상비율이란 기업이 영업이익으로 금융비용을 얼마나 감당할 수 있는지 가늠하는 지표이다. 그 비율이 1 미만이면 이자가 영업이익보다 높다는 뜻으로 좋지 않다.

내실 있는 회사를 만들고 싶지 않은 사장이 있을까? 회사가 더 이상 한계에 다다르지 않도록 애써 보지만 상황은 그리 녹록하지 않다. 수많은 경쟁회사들이 있고 모든 비즈니스가 언제까지나 탄탄대로일 수만은 없다. 그래서 직원들을 일부 정리해서라도 회사의 나머지 사람들을 이끌고 가야 하는 상황에 처하게 되는 경우도 있다. 그런 상황이 사장은 심적으로 매우 힘들다. 그 직원들에게는 딸린 식구들이 있다. 사장들도 그 점을 잘 알고 있다. 그래서 수개월 전부터 고민을 한다.

그래도 생존을 위해 구조조정을 결정한다. 하지만 조직을 구조조정하는 일은 생각보다 힘들다. 사장이 뭔가 해 보려고 해도 각 부서별로 이권이 달려 있고, 자신의 조직을 최대한 끝까지 살리려고 하기 때문에 부서 간 조율도 쉽지 않다. 그 어려운 과정이 눈에 뻔히 보일 때는 차라리 사업을 접고 싶은 심정이 든다.

사장의 가장 큰 고민 중 하나는 회사의 정체성이다. 회사가 커지게 되면 회사의 정체성을 어디에 둘 것인지에 대해 진지하게 생각해 보아야 한다.

어느 날 한 직원으로부터 "우리 회사의 정체성이 뭡니까?"라는 질문을 받고 적잖게 당황한 적이 있었다. 회사의 정체성이 뭘까? 거창하게 '인류에의 봉사' '사회공헌'이라고 해 놓은 기업치고 실제로 봉사활동 잘하고 사회공헌을 제대로 하는 곳이 드물다. 그건 정답이 없는 거다.

회사는 이익을 남기기 위해 모인 집단이다. 따라서 회사는 그 목적에 맞게 이익을 남겨서 그것을 직원들과 나누면 된다. 회사는 정치판의 정당도 아니고 자원봉사를 하기 위한 봉사단체도 아니다. 회사는 법인 설립을 하는 그 자체가 정체성의 시작인 셈이다.

예전에 한 회사를 방문했을 때, 사훈과 목표가 거창하게 사장실에 걸려 있는 것을 본 적이 있었다. 하지만 그 업체의 사장이나 임직원들은 자신의 회사와 광고 거래를 트는 것을 조건으로 뒷돈을 요구해 왔다. 사훈과 목표가 무색해지는 순간이었다.

앞서 회사의 정체성에 관한 질문을 받기 전까지 우리 회사에는 사실 아무런 목표가 없었다. 난 그 흔한 사훈이나 연간 매출 목표도 만들지 않았다.

사장의 자리는 이렇게 하나부터 열까지 고민하는 자리이다. 그렇다고 너무 심각해지지는 말자. 어차피 해야 할 일이라면 그것들을 마음에 담아 두고 하나하나씩 긍정적으로 처리해 나가다 보면 더 밝은 미래가 펼쳐질 수도 있을 테니까 말이다.

필요 없는
인맥은 없다

"세상에 쓸모없는 사람은 없다"는 이야기를 하려면 사마천의 「맹상군열전」을 빼놓을 수 없다. 제나라 재상인 맹상군은 평소에 이런저런 식객들을 자신의 집으로 많이 불러 모았는데, 어느 날 하루는 식객들 중 두 사람을 골라 그들에게 무슨 재주가 있느냐고 물었다. 그러자 두 사람이 각각 개 흉내와 닭 울음소리를 잘 낸다고 대답했다. 그 말을 들은 다른 식객들이 뭐 그런 재주도 있느냐며 크게 비웃었다. 하지만 맹상군은 "그러한 재주라도 나중에 쓸 일이 있지 않겠느냐?"라고 말하며, 그들에게 식사를 차려 대접하고 방을 내주었다.

세월이 흘러 진나라의 소양왕이 맹상군을 재상으로 삼고자 자신의 나라에 초청했다가 진나라 신하들의 말을 듣고 오히려 죽이려 하였다. 맹상군은 이 위기의 순간에 소양왕의 후궁인 연희에게 도움을 요청하였다. 이에 연희는 그 대가로 귀한 호백구狐白裘(여우의 흰 겨드랑이털을 모아 만든 옷)를 요구하였으나, 그 옷은 이미 맹상군이 소양왕에게 바친 뒤였다.

그런데 마침 개 흉내를 잘 내는 식객이 개의 흉내를 내며 소양왕의 침실로 잠입하여 그 옷을 되찾아온 덕분에 연희에게 귀한 흰 가죽 옷을 바칠 수가 있었다. 연희는 소양왕에게 잘 말해 주어 맹상군이 도망가도록 하였고, 이에 맹상군은 소양왕의 마음이 바뀔까 싶어 부리나케 도망을 쳤다. 열심히 도망을 치던 그는 하지만 마지막 관문이 굳게 닫혀 있는 것을 보자 절망에 빠졌다. 그런데 이때에도 닭 울음소리를 낼 줄 아는 식객이 닭의 흉내를 내자 아직 문을 열 시간이 아니었는데도 새벽녘으로 착각한 수문장이 문을 열어 맹상군은 살아남게 되었다.

계명구도鷄鳴狗盜의 유래가 된 맹상군의 고사는 위기의 순간 평소 쌓아 두었던 인맥이 어떤 역할을 하는지 잘 말해 주고 있다.

맹상군의 고사를 통해 배울 수 있듯이, 사장은 될 수 있는 한 다양한 분야의 사람들을 알아 두어야 한다. 사장들에게 주변 인맥은 꿰지 않은 구슬과도 같다. 잘 연결하기만 하면 상상 이상의 결과를 얻을 수 있으며, 이러한 인맥은 급하고 중요한 순간에 힘을 발휘한다. 그렇다고 해서 목적을 가지고 사람을 만나서는 안 된다. 목적을 가지고 상대를 대하면 그 상대는 그것을 이미 다 파악하고 만남을 피할 수도 있다.

약 10년 전에 친하게 지냈던 형님의 권유로 대학생 마케팅 동아리에서 강연을 하게 되었다. 강연료는 적었지만, 대학생들과 어우러져서 그들의 생각과 트렌드를 알게 되는 것이 좋았기 때문에 이후에도 강연 요청이 올 때마다 흔쾌히 받아들였다. 그리고 나는 받은 강연료 이상의 저녁식사를 항상 학생들에게 대접하였다. 당시만 해도 내가 그 학생들에게 좋은 일을 하고 있다고 생각하였다.

그런데 언젠가 삼성전자에서 자체 바다OS를 개발해 해외홍보를 하려고 하는 때가 있었다. 삼성전자는 그 해외홍보를 인터넷 광고를 이용해서 해 줄 외주업체를 찾았다. 나는 좋은 기회다 싶어 우리 회사 내부에서 이 일을 했으면 했지만, 모든 직원들이 다른 일을 하느라고 너무 바빠서 도저히 시간을 낼 짬이 없었다. 결국 내가 PM(프로젝트 매니저)을 맡았지만 외부의 프리랜서를 구하기에도 빠듯한 일정이었다.

하는 수 없이 나는 강사로 활동했던 마케팅 동아리에 급하게 도움을 청했는데, 그들은 흔쾌히 내 요청을 수락했다. 그리고 마케팅 동아리의 선후배들을 포함해 총 5명의 대학생들을 알바생으로 뽑아, 그들과 함께 약 2주간 밤을 새워 가며 제안서를 만들어서 삼성전자 측에 제출했다. 그러고 나서 얼마 지나지 않아 삼성전자에서 연락이 왔다. 우리가 만든 아이디어가 참신하다며, 그 계약을 체결하자는 연락이었다.

인맥이 꼭 외부에만 있는 것은 아니다. 사업을 하다 보면 많은 직원이 입사하기도 하지만, 그만큼 퇴사도 많이 한다. 사업 초기에는 퇴사하는 직원에 대한 섭섭함 또는 배신감으로 출근 마지막 날의 인사를 끝으로 더 이상의 만남은 가지지 않았었다. 하지만 그들이 나중에 우리 회사의 고객이 될 수도 있다는 것을 깨닫고 나서는 퇴사하는 직원들에게 되도록이면 좋은 이야기와 조언 등을 해 주기 위해 노력하였고, 그들이 퇴사 후에 우리 회사를 재방문하는 것도 적극 환영하였다. 물론 그중 몇몇은 대기업의 홍보팀과 병원 마케팅팀에 입사해서 정말 우리 회사의 고객사가 되어 주었다.

기존의 고객사도 인맥이 될 수 있다. 나는 가끔 주요 고객사의 사장과 담당자를 만나 인사를 하곤 했다. 회사를 운영하기 전까지는 일반 가게에만 단골이 있는 줄 알았는데, 사업을 10년 이상 하다 보니 회사에도 단골고객이 생긴다는 것을 알게 되었다.

어떤 고객사는 2~3년간 우리 회사와 거래하다가 중간에 다른 업체를 이용하기도 하고, 그러다가 다시 우리 회사로 되돌아오기도 했다. 특히 사장이 직접 관리하고 있는 고객사의 경우, 다른 회사와 거래를 하다가도 담당 직원이 퇴사하거나 급한 일이 생기면 연락이 오곤 했다. 또한 기존 거래처의 담당자로 있던 사람이 다른 회사의 마케팅 담당자로 이직하여 다시 우리 회사를 찾아 주는 경우도 있었다.

내가 생각하기에 인맥을 통해서 도움을 받으려면 최소한 2년은 지나야 한다. 그 시간이 지나면 먼저 도움을 달라고 말하지 않아도 평판이 나서 사람을 알아봐 준다.

대학 동기들 중에 3명이 절친인데, 그들과 가끔 만나 골프를 치기도 하고 맥주 한 잔씩 하면서 세상 돌아가는 일에 대해 의견을 나누기도 한다. 대학을 졸업했으니 30년이 넘은 사이다. 그 친구들 중 한 명인

태선이가 회사의 중요한 계약 건에 대해 나에게 결정적인 도움을 주었다. 그가 그쪽 분야의 전문가인 줄 난 전혀 몰랐다. 그저 힘든 상황에서 내가 의견을 토로하니 쉬는 날에도 우리 집으로 찾아와서 큰 도움을 주었다. 결정적인 순간에 꼭 필요한 사람이 내 곁에 있었던 것이다. 나도 전혀 예상하지 못했다. 공기업 감사팀에서 일한 그의 경험이 내게 큰 힘이 되었다.

　때로는 평소 잘 쌓아 둔 인맥이 맹상군의 고사처럼 행운으로 연결되기도 한다. 당시 행운은 나의 편이었다고 생각한다.

미래 비전은
사장의 몫이다

　회사의 미래 비전 설계를 가장 잘할 수 있는 사람을 꼽으라면 그건 바로 사장이다. 대기업은 전략기획실이나 미래전략부가 있어서 그 부서 직원들이 회사의 미래를 걱정하고 이끌어 가지만, 중소기업은 회사의 비전을 직원들에게 맡길 수 없다. 기획팀이 있다고 하더라도 회사의 제품을 바꾸고 서비스를 개선하기에 급급하기 때문이다. 결국 회사의 미래를 위한 준비는 철저하게 사장의 몫이다.

　미래의 성장 동력은 회사를 젊게 만들고 성장하게 만든다. 그러므로 회사의 미래 비전을 위해 먼저 해야 할 일은 사장부터 시야를 넓히기 위해 노력하는 것이다.

　수많은 회사들이 성장을 위해서 미래 비전을 찾는다. 하지만 기업

상황은 늘 경쟁에 부딪히고 현실은 빡빡하다. 그래도 새로운 먹을거리를 찾아야 회사가 생존할 수 있다. 회사는 성장하면서 아이템이 바뀐다. 처음의 상품으로 지금까지 성장하고 있는 회사는 코카콜라나 맥도날드 정도밖에 없다. 나머지 우리가 아는 대다수의 기업들은 창업 아이템을 중간에 바꾸었다.

삼성도 1938년 대구에서 처음 사업을 시작했을 때만 하더라도 무역업이 주력 업종이었지만, 지금은 IT를 중심으로 한 회사가 되었다. 그리고 바이오 사업에도 뛰어들어 미래를 준비하고 있다. 애플 또한 처음에는 컴퓨터를 만드는 회사로 출발하였지만, 지금은 스마트폰 분야에서 더 많은 이익을 남기고 있다. KT 역시 과거 한국통신 시절 막대한 이익을 안겨 주었던 집전화기와 공중전화기가 사양산업이 되자, 통신망과 케이블 산업으로 눈을 돌렸다.

기술의 엄청난 발달로 인해 세상은 더욱 빠르게 변화하고 있다. 불과 얼마 전까지 우리의 최첨단 통신수단이었던 삐삐도 사라졌고, 우리 주위에서 흔히 볼 수 있었던 비디오테이프도 사라졌다. 사회의 트렌드가 바뀌면 회사의 캐시카우도 당연히 바뀐다. LG는 화학으로 출발해서 가전과 디스플레이, 텔레콤 등으로 다양하게 캐시카우를 확장 중이고, GS의 경우 사업 초기에는 없던 에너지와 홈쇼핑, 리테일이 그룹의 주요한 캐시카우 역할을 하고 있다.

이처럼 대기업이나 글로벌 회사들도 변화하고 트렌드를 쫓아가기 위해 애쓰고 있는데, 하물며 중소기업은 두말할 나위가 없다. 변화하고 혁신해야만 생존할 수 있다. 그래서 다양한 분야로 사업을 확장시키는 것은 정말 중요하다. 이제 과거처럼 한 우물만 파라는 말은 현대 비즈니스에는 잘 들어맞지 않는다. 한 우물만 파서는 리스크가 닥쳤을 때 제대로 대처할 수가 없기 때문이다. 그런데 현실적으로 중소기업이 다양한 사업의 먹을거리를 창출해 내기란 쉽지 않다. 그래서 연구개발을 통해 시장에서 인정받을 수 있는 고유의 기술력을 보유하고 있다면 한 우물만 파는 것이 정답이 될 수도 있다. 하지만 중소기업이 자신만의 특화된 서비스나 기술력을 보유하기란 정말 어렵다.

이처럼 미래 비전을 위해서 사장은 사회의 변화를 읽어 낼 줄 알아야 한다. 그래서 매일 최소한 2부 이상의 종이 신문을 구독할 것을 권한다. 여유가 된다면 경제지도 1부 정도 같이 보기 바란다. 요즈음은 휴대폰으로 포털사이트에 접속만 해도 신문기사를 접할 수 있어서 많은 사람들이 종이 신문을 따로 챙겨서 보지 않는 경향이 있지만, 종이 신문은 헤드라인만 보아도 현재 중요한 이슈가 뭔지 잘 알 수 있다는 점이 가장 큰 장점 중의 하나이다.

종이 신문 1면에 게재된 정보는 요즈음 사람들의 관심사가 무엇인지 잘 보여 준다. 신문의 프레임이라고 비판받기도 하지만, 사장들에게는 실제로 필요한 정보라고 생각한다. 예컨대 미국 경제가 어떠한지, 어떤 상품들이 최근 인기가 있는지 등을 그 중요도를 느끼면서 읽을 수 있게 해 준다.

과거에는 식당에서 혼자 점심을 먹는 사람들이 그리 많지 않았지만, 최근에는 혼밥이 유행일 정도로 혼자서 밥 먹는 사람이 증가하고 있다고 신문에서 떠들어 대고 있다. 신문을 보면 이러한 트렌드를 자연스럽게 읽고 느낄 수 있다.

이걸 비즈니스에 접목하면 1인 가구를 대상으로 한 서비스나 상품을 기획하는 것이 4인 가구를 대상으로 한 비즈니스보다 훨씬 투자 대비 성과가 높을 것이라는 것을 예상할 수 있다.

종이로 된 신문 읽기를 권하는 또 하나의 이유는 종이 신문에 나오는 광고 또한 정보이기 때문이다. 필요한 사람에게는 전단지도 정보다. 창업자금이나 사업자금 예산이 각 부처로 배정되면 우선적으로 신문을 통해 공고하기 때문에 창업을 원하는 미래의 사장들에게는 매우 유용한 정보일 수밖에 없다. 한 지인도 작년 말에 신문을 보고 그 창업자금 정보를 알게 되어, 5,000만 원이나 되는 자금을 무상으로 지원받은 적이 있다.

종이 신문을 보다가 좀 더 심화된 정보를 알기 원한다면 인터넷을 검색해서 찾아보면 좋다. 그보다 더 고급스러운 정보는 책에 있다. 책보다 더 고도화된 정보는 물론 논문에 있다. 하지만 논문을 살펴보기에는 내용이 어렵기도 하고 때로는 너무 전문적인 분야의 지식을 요구해서 그 내용을 파악하는 데 시간이 너무 많이 소요된다.

그래서 내가 생각하기에 책들은 보통 논문을 참조해서 잘 편집해 놓은 것이므로 전문분야의 책을 찾아 읽는 것만으로도 정보는 충분하다. 책은 그만큼 유료 정보의 핵심덩어리다. 책이 단순한 읽을거리로 그치는 것이 아니라는 뜻이다. 사회를 경험한 인생 선배들이 그들의 경험담을 잘 녹여 놓은 정보 그 자체다. 한 권의 책이 출간되기 위해서는 최소 몇 개월에서 몇 년간에 걸친 시장조사와 경험담, 노하우 등을 원고지로 옮겨야 한다. 그만큼 엄청난 자료들이 숨겨져 있는 보고다.

세상은 아는 만큼 보인다. 사장이 공부를 해야 하는 이유다. 세상을 전부 다 알 필요는 없지만 자신이 속해 있는 영역에서만큼은 누구보다 전문가란 이야기를 들을 수 있어야 한다. 그러기 위해서는 앞에서 제시한 종이 신문이나 책 등을 열심히 구독하고 읽어 보길 바란다. 그러면 우리 회사의 미래 비전이 보이게 될 것이다.

조직 관리는 사람 관리다

플래툰 시스템을 잘 활용하면 성과를 두 배 얻을 수 있다

직원들은 모두 저마다 특성이 다르다. 같은 부서에서 함께 업무를 하지만 단순한 일을 좋아하는 사람이 있는가 하면, 창의적인 일을 좋아하는 사람도 있다. 또 어떤 직원은 글쓰기를 잘하고 좋아하지만, 어떤 직원은 끔찍이도 그걸 싫어한다. 그리고 어떤 직원은 외부에서 고객 만나는 것을 싫어하지만, 또 어떤 직원은 책상에 하루 종일 앉아 있는 것을 싫어한다.

이력서나 자기소개서가 직원에 대한 모든 정보를 담고 있지는 않다. 사장은 그 뒤에 가려진 직원의 잠재력과 기질 등에 대하여 파악하고, 그에게 어떤 업무가 적합할지 고민해야 한다.

복도에서 마주쳤을 때 사장이 건네는 인사말에 대응을 잘하는 외향적인 성격을 지니고 있다면, 그 직원에게는 영업이나 고객 상담 등을 맡기는 것이 좋다. 회의시간에 고개만 숙인 채 발표하는 것을 주저하거나 혼자 지내는 것을 좋아하는 직원이 영업부서에서 근무하고 있다면 좀 더 주시해 봐야 한다.

직원 관리는 매우 창의적인 영역이며, 어떤 면에서는 마치 오케스트라와 비슷하다. 지휘자가 각자의 악기를 다루는 수많은 연주자들의 특징을 파악하고 있어야 제대로 된 음악이 연주될 수 있는 것처럼, 사장은 모든 직원들의 특징과 장점을 파악하고 그들의 잠재력을 끄집어내 한 사람 한 사람이 기량을 제대로 발휘할 수 있도록 해 주어야 하며, 또 한편으로는 조직 전체가 효율적으로 운영될 수 있도록 해야 한다. 그러기 위해서는 직원들과의 깊이 있는 소통이 중요하다.

하지만 사장에게는 이럴 시간이 많지 않다. 이 경우 인사관리를 전담할 유능한 직원이 간절히 필요해진다. 물론 인사 담당자라고 해서 모든 직원들의 능력을 파악할 수는 없다. 그래서 사장은 전 직원을 모두 다 두루두루 관찰하고 살펴볼 수는 없겠지만 그래도 노력은 해야 한다.

많은 직원들은 자신들이 이전에 해 보지 못한 새로운 업무를 진행해야 할 때 매우 난감해한다. 하지만 회사에서는 기존의 업무와는 별개로 새로운 프로젝트를 진행해야만 할 경우가 많이 있다. 이런 상황이 되면 많은 직원들은 자신이 그 프로젝트를 할 수 없는 이유를 끊임없이 이야기한다. 그 프로젝트를 진행하기 위해서는 반드시 그 분야의 전문가가 필요하다며 직원 채용을 요청하기도 한다. 하지만 이렇게 매번 신규 프로젝트를 진행할 때마다 직원을 뽑게 되면 회사는 결국 인건비 부담을 견디지 못한다.

한 취업 포털 사이트에서 직장인 500명에게 흥미 있는 설문 조사를 실시한 적이 있었는데, 질문 내용은 "회사 내에 월급도둑이 있는가?"였다. 그런데 놀랍게도 응답자 중 83%가 "그렇다"라고 말했다. 특히, 임원급과 부장급에서 하는 일도 없이 바쁜 척한다고 하는 경우가 많았다. 다른 사람의 성과를 자신의 것으로 포장한다는 결과도 40%나 넘게 나왔다. 그리고 재미있는 것은 전체 응답자의 26.8%는 "본인 스스로도 월급 도둑이라고 생각해 본 적이 있다"고 답했다는 것이다. 직원들 스스로도 자신의 역량을 다하고 있지 않다고 고백(?)한 셈이다.

사업을 이제 막 시작한 사장들이 주목해야 할 부분이다. 직원들의 이런 나태함이나 사보타주(태업)를 없앨 수 있다면 그 회사는 반드시 성공할 것이다.

그래서 업무적인 부분과 관련된 직원들의 장단점을 파악해 그들이 가장 적합한 부서에서 일할 수 있도록 환경을 만들어 주려는 노력이 필요하다. 그리고 직원들은 성과에 대한 정당한 보상과 재미있는 직장을 만들어 주면 누구보다도 열심히 일한다.

사장도 사람이기에 누구에게 어떤 일을 맡겨야 할지 확신이 서지 않을 경우가 있다. 이럴 때 나는 본부장 자리를 놓고 플래툰 시스템을 활용해 본 적이 있었다.

플래툰 시스템이란 야구의 한 포지션에 두 명의 주전급 선수를 번갈아 쓰는 것을 말한다. 미국 메이저리그에서는 각 포지션에 정해진 선수만이 경기에 뛸 수 있는데, 시즌 초반 감독은 각 포지션별로 일정 기간을 두고 선수들끼리의 경쟁을 유도한다. 그리고 그 주어진 기간 안에 두각을 나타내는 선수를 주전으로 발탁하며, 이후 그 주전선수에게는 엄청난 연봉과 대우로 보상한다.

직원의 경우 일을 시켜보기 전까지는 그 잠재적인 역량을 파악하기가 쉽지 않다. 그래서 나 또한 플래툰 시스템을 모방해 일정 기간 동안 본인의 업무와 관련은 있지만 새로운 업무가 추가되는 프로젝트를 A 팀장과 B 팀장에게 번갈아 가며 진행시켜 보았다. 만약 이때 역량에 맞지 않다고 판단되면 바로 교체해 주면 된다.

본부장 승진자를 고민 중에 있었기 때문에 나는 좀 더 신중하게 그 프로젝트를 진행했다. 그 결과 두 사람 다 훌륭하게 업무를 진행했지만, TF 팀원 세팅과 위기관리 등에서 조금 더 높은 역량을 보였던 B 팀장을 본부장으로 승진시켰다. 이후 그 부서의 매출이 많이 늘었다.

회사 매출을 두 배로 만들려면 각 직원들의 특성을 알고 그 일을 맡기면 된다. 그리고 나서 사장은 그 성과가 제대로 올라오고 있는지 확인하고 챙기면 된다. 하지만 일을 맡긴다고 해서 그 직원을 방임해서는 안 된다. 믿고 맡기되, 관리 감독은 사장 고유의 권한이자 의무다.

직원들을 믿어야 할 경우와
믿지 말아야 할 경우

한 조사에 따르면 신뢰 환경이 높은 작업장에서 일하는 사람이 낮은 신뢰 환경에서 일하는 사람보다 더 높은 성과를 나타나는 것으로 밝혀졌다. 또한 미국의 경영학자 로버트 블레이크와 제인 모턴은 상사에 대한 부하의 신뢰 정도가 조직 몰입에 긍정적인 영향을 미친다고 지적했다. 그리고 한 연구에 의하면 조직 신뢰, 상관 신뢰, 동료 신뢰 3가지 중 상사 신뢰가 동료 신뢰에 비해 조직 몰입에 상대적으로 높은 상관성을 가진다고 하였다. 동료가 보여 주는 신뢰보다 상사가 보여 주는 신뢰가 업무 몰입에 더 효과적이라는 것이다. 즉 상사의 직원에 대한 믿음이 클수록 높은 성과를 나타낸다는 연구 결과이다.

"믿지 않으면 뽑지 말고 뽑았으면 믿어라"라는 말이 있다. 사장은 임직원들을 믿고 신뢰해야 한다. 최근에는 각 회사마다 직원들을 위한 좋은 프로그램을 많이 도입하고 있다. 직원들의 사기가 진작되어야 성과가 높아진다는 것을 알아차렸기 때문이다.

대다수의 직원들은 사장이 보든지 보지 않든지 상관없이 열심히 일한다. 내가 직원으로 근무했을 때에도 열심히 일했었다. 직원들이 열심히 일하고 있다는 사실은 믿어도 좋다. 그리고 직원들은 자신의 회사와 업무에 대해 자부심과 보람을 느끼고 있다. 내가 아는 한 대다수의 직장인들은 그렇다. 따라서 대부분의 경우 직원들의 선한 마음과 열정 어린 근무 태도는 믿어도 된다.

훌륭한 사장은 각 분야별로 능력 있는 직원을 알아보고, 이렇게 믿을 수 있는 직원들을 도처에 만들어 둔다. 그들은 시스템을 제대로 운용할 줄 아는 사람들이며 회사가 사람으로 이루어진 조직이라는 것을 잘 이해하고 있다. 비즈니스는 사람이 하는 것이며, 그 직원이라고 불리는 사람들을 활용해 좋은 결과를 만들어 가는 것이다. 그 성과물은 매출이거나 창작물이다. 직원들을 믿게 되면 그들은 자신의 역량을 두 배 이상으로 발휘해 일을 훌륭히 해낸다. 이러한 성과를 보인 직원들은 보통 고속승진을 하거나 가장 빠르게 팀장을 달게 된다.

그런데 여기서 주의해야 할 것이 있다. 그 신뢰의 이면에는 책임이라는 것을 바탕으로 하고 있다. 그래서 직원에게만 맡겨서는 안 된다. 그렇다고 오해하지 마라. 이 말은 곧 '직원을 신뢰하지 말아야 한다'라는 뜻이 절대 아니다. 회사 직원에게 어떤 업무에 관하여 신뢰를 가지고 맡긴다는 것은 그 일에 관한 1차적인 책임이 그 직원에게 있다는 의미이다. 따라서 업무를 위임할 때는 그만큼 신중해야 한다. 업무에 따라 책임의 무게가 다르고 직원의 역량에 따라 책임을 견디어 낼 수 있는 능력도 다르다.

또한 직원에게 맡겨서는 안 된다는 의미는 곧 불신을 뜻하는 것이 아니다. 전적으로 사장의 입장에서 직원의 업무에 직접 관여해야 할 경우와 하지 않아도 될 경우를 말하는 것이다. 부지불식간에 회사의 방임으로 인해 직원들을 유혹의 한가운데로 몰아넣는 경우가 종종 있다.

회사에 따라 다르지만 보통 팀장급 이상이나 임원급이 되면 법인카드를 지급한다. 고객을 만나거나 팀원 관리를 할 때 회사 경비를 간편하게 활용할 수 있도록 하기 위함이다. 하지만 이럴 경우 반드시 별도의 관리감독이 필요하다.

주말 사이에 회사 사무실이 있는 건물에서 정전이 발생하여 전산 시스템이 다운된 적이 있었다. 회사에서 관리하는 전산 시스템은 회사 홈페이지 이외에도 고객사에 제공하는 전산서버도 포함되어 있어 매우 중요했다. 당연히 전산팀의 책임이 가장 컸다.

그래서 전산팀장을 불러 자초지종을 물었더니, 총무팀에서 해당 건물의 정전 예고를 미리 알려주지 않아 미처 준비하지 못했다고 하였다. 그 말을 듣고 총무팀에 확인을 해 보니 담당자는 전산팀에 구두로 전달했다고 하였다. 이미 고객의 손해는 막심했고 누군가는 그 책임을 지고 회사 입장에서는 빨리 마무리를 지어야 하는데, 모두가 책임 없다고 회피하기에만 급급했다. 그렇지만 정확한 확인이 불가능했다.

이런 경험을 한 뒤에 난 직원들로 하여금 문서로 근거를 남기게 만들었다. 문서로 근거가 남게 되니 직원들의 업무 진행 사항을 쉽게 알 수 있게 되었고, 직원들 간에도 업무에 관한 책임 소재 확인이 쉬워져 효율이 높아졌다.

　C 팀장은 자신의 강아지 사료를 사기 위해 법인카드를 사용한 적이 있었는데, 회계팀에서 확인을 요청하니 본인의 실수였다는 말을 들었다. 그런 일은 조기에 확인해서 더 이상의 상호불신이 생기지 않도록 하는 것이 회사 시스템의 의무다. 직원이기 이전에 사람이기 때문에 실수한다. 그러므로 문제가 크게 벌어지기 전에 직원에게 가볍게 경고 조치를 하고 상호 신뢰의 벽을 견고하게 만드는 과정으로 다시 돌아가면 된다.

　(주)프리커스의 최훈 대표는 꼼꼼한 사람이다. 그는 직원들에게 지급한 법인카드의 실시간 사용내역 문자를 본인의 휴대폰으로 오도록 했다. 그 방식은 직원들이 법인카드를 결제하는 순간, 언제 어디에서 얼마의 비용을 사용했는지가 바로 확인된다는 장점이 있다.

　한번은 영업사원이 거래처 직원을 만난다는 보고가 올라온 적이 있었는데, 법인카드를 사용했을 시간이 한참 지났는데도 휴대폰 문자가 오지 않았다고 한다. 그래서 다음 날 최 대표는 해당 영업사원을 불러 어제 거래처 사람을 만났을 텐데 왜 법인카드 결제가 올라오지 않았느냐고 물어보았다. 그랬더니 그 영업사원은 자신의 카드로 결제를 했으며 사용금액이 무려 40만 원이나 된다고 했다.

이 말을 들은 최 대표는 화가 머리끝까지 났다. 그래서 왜 법인카드가 있는데도 사용하지 않고 개인카드를 사용했느냐고 추궁했다. 영업사원은 나중에 계약이 성사되면 결제를 올릴 생각이었다고 답했다. 이에 최훈 대표는 그 직원에게 앞으로는 절대 개인카드를 사용하지 말라고 경고했다.

직원의 개인카드 사용액이 늘면 비용 처리 등의 문제가 발생하기 쉽고, 결국은 그것을 쌓아 두었다가 나중에 어디 가서 카드깡을 하든지 불법적인 일을 벌이고 만다는 것이 그의 설명이었다.

그는 시스템적으로 직원들을 미리 잘 관리하고 있다. 최 대표는 사람은 언제나 바르게 행동하고자 한다라고 믿지만, 회사 업무로 인해 자신의 손해가 심해지면 결국 불법적인 일이 시작될 수밖에 없다는 생각도 가지고 있다.

사장은 직원들을 항상 바른 방향으로 지도하고 관리해야 한다. 직원들을 믿지 않아서는 일이 안 된다. 하지만 회사가 관리 감독하는 시스템을 만들어 놓지도 않은 채 직원들에게 "당신을 믿으니 알아서 잘 하시오"라고 하는 무조건의 신뢰도 안 된다.

사업의 방향성과 매출과 매입에 직접적으로 관련된 시스템은 사장이 직접 개입해서 철저하게 만들어야 한다. 관리가 잘되는 회사는 문제가 생길 여지를 만들지 않는다. 그렇게 되면 문제가 발생되어도 바로 발견할 수가 있으며 해결 또한 조기에 가능해진다. 생선을 바로 앞에 놓고 고양이에게 먹지 말라고 지시하는 것은 태만이며 방임일 뿐이다.

직원들에게 동기부여 시키는 방법

　동기부여에는 두 가지 방법이 있다. 외재적인 방법과 내재적인 방법이다. 외재적인 방법은 목표를 달성하면 회사에서 해외여행을 보내 준다든지 더 많은 인센티브를 주는 것을 의미한다. 물론 이것도 단기적으로는 효과가 있다. 하지만 더 좋은 방법은 내재적인 방법이다. 직원 스스로가 동기부여하는 것을 내재적 동기화라고 한다. 성공하는 회사들은 이러한 내재적 동기가 부여된 직원들을 많이 거느리고 있다.

　직원들이 원하는 바를 알면 동기부여 방법도 쉬워진다. 돈을 원하는 직원에게는 돈으로 동기부여를 해 주면 된다. 명예를 원하는 직원에게는 승진을 시켜 주면 된다. 회사 내 필요한 사람이 되는 것이 동기부여라면 지속적으로 그 직원에게 도움이 되고 있다는 메시지를 주면 된다. 때때로 칭찬은 훌륭한 동기부여의 도구가 된다.

월드컵에서 대한민국 축구를 4강으로 이끈 명장 히딩크는 어떻게 선수들을 동기부여 시켰을까? 히딩크 감독은 먼저 선수 선발에 대한 전권을 축구협회로부터 보장받았다. 그리고 기존 대표선수끼리의 수직적인 관계를 수평적으로 바꾸어 놓았다. 아무리 인기가 있는 선수라 하더라도 대표팀 선수들끼리 포지션 경쟁을 해서 밀리면 경기에 나가지 못하도록 한 것이다. 또한 선수들 간의 의사소통을 중요시해서 식사 시간 때 노장과 신인이 한 테이블에서 같이 밥을 먹도록 하였다. 호칭은 그냥 서로 이름만 부르게 하고 존칭을 쓰지 못하도록 하였다. 그리고 한 포지션만 소화하는 것이 아니라 멀티플레이어 개념을 도입해서 공격수가 수비도 하게 만들고 수비수가 공격도 가담하게 했다. 그는 기존 축구감독들이 가지고 있던 고정관념들을 하나하나 타파해 나갔다. 히딩크 감독은 선수들이 원하는 포인트를 정확하게 파악하고 그것을 잘 발휘할 수 있도록 기회를 준 것이었다.

중소기업에 취직하는 직원들은 대기업을 가고 싶었지만 여러 가지 이유로 그곳에 가지 못한 경우가 대부분이다. 처음부터 중소기업 취업을 목표로 하는 사람은 거의 없다. 사장들은 이런 직원들이 정말 원했던 것이 무엇인지 알게 된다면, 그것을 동기부여에 활용할 수 있다.

중소기업에서 우수한 근무 성적을 보인 직원들이 대기업으로의 전직에 성공하는 케이스는 무척 많다. 대기업에서 가장 선호하는 사람들은 중소기업의 관련 업종에서 3~5년간 일한 사람들이다. 업무를 새롭게 가르치지 않아도 되고 중소기업에서 배운 실무지식을 바로 써먹을 수 있기 때문이다. 실제 우리 회사에서 경력을 쌓은 후 대기업에 취직한 사례가 많이 있었다. 중견기업의 마케팅 팀장으로 스카우트돼서 이직하는 경우도 있었다. 사장은 동기부여 차원에서 직원들의 이러한 희망과 바람을 면담 시에 언급해 보는 것도 좋다.

중소기업은 일단 인정만 받으면 대기업보다 고용이 더 안정적이다. 중소기업에서 핵심인재로 분류될 경우 회사가 문을 닫지 않는 한 그 직원을 먼저 정리할 일은 생기지 않는다는 의미이다. 그리고 중소기업에서는 회사 전반적인 업무를 다양하게 배울 수가 있다. 또한 대기업은 업무 강도가 엄청나지만, 중소기업의 경우 상대적으로 업무 강도가 세지 않다. 다만, 대기업의 경우 진급을 하게 하면 업무가 점점 줄어드는 반면 중소기업은 직급이 올라갈수록 업무가 더 많아지는 경향이 있다.

사회를 일찍 배울 수 있는 점도 중소기업의 장점이다. 또한 직접 고객사를 만날 일도 많고 다양한 업무를 해내야 하지만, 사장의 마인드를 가까이에서 배우고 회사 밖의 일도 많이 배우게 된다. 때문에 대기업 출신들이 사업에 성공하는 경우보다 중소기업 출신들이 사업에 성공하는 경우가 훨씬 많이 있다.

또한 중소기업은 승진이 대기업에 비해 빠르다. 동기들보다 이른 나이에 부장을 달고 임원이 되기도 한다. 회사에 기여한 부분이 확실하면 그만큼 바로 대우를 받을 수 있는 곳이 중소기업이다.

나는 이 부분을 동기부여에 많이 활용해 왔다. 입사자들과 면담 시 처음 업무를 배울 때는 힘들겠지만 향후 경력을 잘 쌓아 놓으면 대기업에서 스카우트 제의가 들어올 것이라고 말했다. 그리고 실제로 그 직원이 전직을 요청하면 비록 팀 운영에 당장 어려움이 발생할 수 있어 곤란하긴 했지만 기꺼이 축하해 주었다. 그 직원에게도 좋은 일이었기 때문이다.

또한 회사 입장에서도 장기적인 관점에서 보면 그렇게 하는 것이 좋았다. 왜냐하면 결국 마케팅을 하다 보면 외부의 아웃소싱이 필요할 때가 있는데, 그때 전 직원이 대기업의 마케팅 담당자로 있다 보면 아무래도 친정인 우리 회사에 기회가 올 확률이 높아지기 때문이다. 그리고 팀장에서 본부장으로 올라갈 수 있는 직원들은 이미 눈치가 있어서 굳이 전직 의뢰를 하지 않았다.

물론 인간은 망각의 동물이라, 이러한 동기부여는 한 번만으로는 제대로 되지 않는다. 심리학자 헤르만 에빙하우스의 망각곡선에 따르면 사람은 하루가 지나면 전날 기억한 것의 30%를 잊어버린다고 한다. 이틀이 지나면 50%를 망각한다. 기업들이 자신의 브랜드를 알리기 위해서 유명 드라마나 스포츠 중계 뒤에 연신 CF를 틀어 대는 것도 그 때문이다. 사장이 직원들에게 하는 동기부여도 이와 같다. 망각에 의해서 사라지기 때문에 가끔 인식을 시켜 주어야 한다.

대기업은 매일 아침 조회를 한다. 근무 시작 전 방송을 통해 회사의 목표와 비전, 이루어야 할 성과 등에 관하여 끊임없이 반복적으로 전

달한다. 나도 그걸 따라서 사업 초반에는 매일 내가 직접 아침조회를 했다. 그러다가 어느 날부터 그것을 없애 버렸다. 생각이 바뀌었기 때문이다.

'깨닫다'라는 단어가 있다. 내가 매우 좋아하는 단어다. 어떤 대상이나 현상에 대해서 깨달음을 얻으면 자신의 것이 된다. 주입식으로 이야기하는 방식을 좋아하지 않았던 나는 직원들이 왜 일을 해야 하는지 깨닫기를 바랐다.

회사를 성장시키는 데 있어서 직원들의 열정적인 업무 태도는 매우 중요하다. 모든 사장들은 직원들이 자기처럼 열심히 일을 해 주었으면 하는 바람이 있다. 하지만 내 마음처럼 직원들이 움직여 주지 않는다는 생각이 들 때가 많다.

직원들을 동기부여 시키는 방법은 절대 돈만이 아니다. 우리 회사 직원들은 급여를 많이 받는다고 해서 일을 열심히 하지는 않았다. 급여는 가장 기본적인 베이스에 불과하다.

직원들에게 한 걸음 더 다가가 그들이 필요로 하는 것을 보아야 한다. 그들이 필요로 하는 것이 원하는 것이고, 그것이 그들을 동기부여 하는 데 씨앗이 된다.

학교 성적과 업무 성과는
절대 비례하지 않는다

요즘 대학생들에게 꿈의 직장으로 불리는 구글은 상시 입사 지원을 받고 있으며, 외국계 회사이지만 영어점수나 자격증 같은 것보다는 해당 직무의 경력과 능력을 평가한다고 한다. 그래서 비전공자도 경력과 능력이 있다면 입사 지원이 가능하다. 그들은 특히 OKRs를 중요시 여기는데, 그것은 Objective and Key Results의 약자로, 하고 싶은 일과 이루고 싶은 목표를 직접 정할 수 있고 업무 성과에 책임을 질 수 있어야 한다는 뜻이다. 구글은 목표 설정과 성과를 중요하게 여기는 문화다. 거꾸로 이야기한다면 성과가 없으면 즉시 회사를 떠나야 한다는 말이기도 하다. 비즈니스에서는 흔히 KPI로 통용되어 쓰이기도 한다. Key Performance Indicators의 약자로, 핵심성과지표를 의미한다. 참고로 KPI는 업종별 회사별로 각각 다르다. 회사별로 추구하는 성과목표 자체가 다르기 때문이다.

하지만 우리나라는 아직까지 학벌이나 자격증 등을 중심으로 채용을 결정하고, 평가하는 경향이 강하다. 그만큼 직원을 채용할 때 학벌은 결코 무시할 수 없는 부분이다. 오죽하면 '학벌주의'라는 말이 있으랴. 그래서 지방대학 출신의 사람들은 자신들이 입사할 때 많은 차별을 받는다고 불만을 제기한다. 하지만 학벌 또한 개인의 능력을 평가하는 지표 중 한 가지이기 때문에 결코 무시할 수 없다. 인사 담당자들은 명문대라서 뽑은 것이 아니라 뽑아 놓고 보니 명문대 출신이라는 말을 하기도 한다.

'배달의 민족'이라는 배달 앱을 운용하는 우아한형제들의 김봉진 대표는 한 방송 프로그램에 나와서 "명문대 나온 사람들이 지방대 출신과 동일한 출발점에서 시작해야 한다는 것은 거꾸로 역차별이 아니냐?"라고 반문하기도 하였다.

대한민국의 몇몇 대기업을 제외한 대부분의 중소기업들은 수시로 인력을 채용한다. 구글과 같이 학벌과 자격증보다는 경력과 능력으로 채용하고 싶지만 현실은 반대다. 구글과는 근무 환경이 다르기 때문이다. 그래서 능력이 검증되었다고 생각하는 좋은 학벌과 자격증을 가진 직원들을 채용하고 싶지만, 이마저도 결코 쉽지 않다. 그런 능력을 가진 직원들은 삼성이나 현대 같은 대기업에 들어가길 원하지, 우리 같이 작은 회사에는 입사하길 희망하지 않는다.

하지만 앞에서 언급한 배달의 민족의 김봉진 대표는 서울대를 나오지 않았다. 그리고 좋은 학벌을 가지지 못한 고졸 출신의 사장들도 심심치 않게 많다. BMW의 김효준 사장, 신한지주의 라응찬 회장, 듀오백코리아의 정해창 사장, 웅진식품의 조운호 사장, 웹젠의 김남주 사장, DC인사이드의 김유식 사장, 넷피아의 이판정 사장 등등 많은 분들이 계신다.

또한 김대중 대통령과 노무현 대통령도 고졸 출신이며 미국의 16대 대통령 링컨도 독학으로 공부했다. 성공의 요인으로 학벌이 중요하긴 하지만, 절대적 요인은 아니라는 것이다. 학벌과 자격증을 넘어 사회적으로 성공한 사장들이 있는 것처럼 뛰어난 직원도 마찬가지라고 생각한다.

미국 카네키 공대에서 재미있는 조사를 한 적이 있었다. 이 대학 졸업생들 가운데 사회적으로 성공한 사람들을 모아 그들에게 성공 요인을 물어보았는데, 당연히 학교에서 배운 전문적인 기술이나 지식이 도움되었다는 대답이 나오리라 예상하였다. 하지만 그렇게 대답한 사람은 15%밖에 되지 않았다. 오히려 나머지 85%는 '인간관계'라고 말했다.

업무를 처리함에 있어서 혼자만의 실력으로 되는 경우는 극히 드물다. 때로 방대한 시장조사도 해야 하고, 필요한 순간에는 외부의 도움도 받아야 한다. 즉 그들이 성공하게 된 요인은 바로 '좋은 사회성'이라는 것이다. 이 말은 사회성이 높은 사람들이 업무 성과가 좋다는 결론에 이를 수 있다.

　수많은 사장들이 업무 능력이 좋은 직원들을 뽑고 싶어 한다. 하지만 채용해서 일을 시켜 보기 전까지는 그것이 검증된 직원은 아무도 없다. 명문대 출신이지만 업무 진행을 제대로 하지 못했던 경우도 있었고, 지방의 이름 없는 전문대를 졸업했지만 센스가 넘치며 업무 성과가 높았던 직원도 있었다.

　보통 회사에서 학교 성적이 우수한 직원을 뽑으려고 노력하는 이유는 그 사람이 배운 지식이 많고 그것을 우리 회사에서 선보일 수 있을 것이라고 생각하기 때문이다. 만약 학교 성적이 좋은 직원들이 업무 능력도 좋다면, 그런 직원만 채용하는 기업들은 절대로 망하는 일이 없을 것이다.

　학벌보다 더 중요한 것은 일하려고 하는 열정이고 배우고자 하는 마음이다. 절박하게 원하는 사람에게 일을 시켜 보면 놀라운 성과를 보인다.

　돌이켜 보면 일에 대한 열정을 가진 사람이 가장 큰 성과를 보여 왔다. 처음 회사에 입사해 일에 대해서 열정을 가지고 있을 때는 업무 성과가 남다르다. 하지만 이러한 열정은 사람에 따라서 다르게 작용한다. 회사에서 성실한 사람을 원하는 이유는 그가 한결같은 열정을 보여 줄 것으로 생각하기 때문이기도 하다. 사장마다 원하는 인재상이 다를 수도 있겠지만, 모름지기 인재란 어떠한 자리에 있어도 성과를 만들어 내는 사람이라고 생각한다.

평사원으로 입사해 성과를 인정받아 팀장으로 승진하는 경우가 있다. 그런데 평사원이거나 팀원이었을 때는 일을 잘했던 사람이 자신의 휘하에 팀원이 생기면 관리가 안 되는 경우가 간혹 있었다.

나는 팀장급 직원들을 대상으로 나만의 시험을 통과해야 본부장 이상의 직급으로 승진시켰다. 그 시험은 팀장이 처리할 수 있는 수준보다 약간 더 어려웠으며, 때로는 주말에도 프로젝트를 만들어 시간 내에 처리하는지 지켜보았다.

물론 기회는 한 번뿐이 아니라서, 그 시험을 통과하지 못한 경우 다음 해에 다시 실시하였다. 그런데 그 시험은 당사자들도 몰랐다. 나는 이것을 내 경영 노하우로 활용하였다.

J 팀장은 어떤 업무를 맡겨도 척척 해내는 스타일의 사람이었다. 당연히 그는 내 시험을 통과하였고, 나는 더 많은 교육을 받은 팀장들을 마다하고 그를 본부장으로 승진시켰다. 이후에도 J 본부장은 지속적인 성과를 보여 주었다.

우수한 인재는 스스로 위기감을 가지고 지치지 않는 열정으로 업무에 매진하는 사람이다. 그 인재는 스스로 모든 것을 다 안다고 착각해 잘못된 방향으로 급히 가지 않는다. 오히려 업무에 대해 잘 모를 경우 언제든지 물어보는 자세를 가지고 있다. 그래서 더디더라도 맞는 방향을 찾기 위해 열정적으로 돌진한다. 그리고 그것이 더 나은 성과를 만들어 낸다.

사장이 지켜만 봐도
업무 효율이 올라간다

캐나다의 고속도로에는 CCTV가 없다. 캐나다 국민들이 프라이버시가 더 중요하다고 반대했기 때문이다. 하지만 CCTV가 없다고 하더라도 그들은 고속도로에서 제한속도를 잘 지킨다. 이유는 보이지 않는 관찰자가 있기 때문이다. 일반 차량들과 똑같이 생긴 차들 속에 경찰이 숨어 있다가 불시에 단속하는데, 그 효과가 매우 크다.

조금은 생소하지만 호손 효과Hawthorne Effect라는 이론이 있다. 호손 효과란 관찰자 효과를 뜻한다.

하버드 대학교의 엘트 메이요 교수는 1924년부터 약 8년간 GE 계열의 전기회사가 소유한 호손웍스 공장을 대상으로 실험을 했다. 연구진은 먼저 3년간 직원들이 근무하는 환경과 생산성의 연관성을 조사했다. 조명 상태와 소음, 습도 등의 작업장 환경이 생산성에 얼마나 영향을 미치는지에 대한 연구였다.

먼저 조명에 대해서 연구를 했다. 공장의 조명 밝기를 몇 단계로 나눈 다음 한 단계씩 밝게 만들었다. 그리고 연구진들은 공장 근로자들에게 지속적으로 질문하며 관심을 쏟았다. 몇 단계를 거쳐서 공장 안이 대낮처럼 밝아지자 생산량은 높아지고 불량률은 낮아졌다. 연구진들은 작업 환경이 능률에 미치는 영향이 큰 것을 확인하고 연구는 성공적으로 마무리되는 듯했다.

그래서 조명 상태를 다시 원위치로 되돌려 놓았다. 그런데 조명 밝기를 원래대로 했음에도 생산량은 기존에 비해 약간 더 증대되었다. 그래서 연구진은 다시 조명을 어둡게 해 보았다. 그런데 오히려 생산량은 기존에 대비해서 확연히 높아졌다. 그래서 연구가 계속되었고, 그 이유가 밝혀졌다.

연구를 위해 연구진과 회사 관계자들이 지속적으로 공장에 나와서 직원들로 하여금 불편사항을 이야기하게 했으며, 연구진들이 그 조사를 위해 직원들에게 관심을 보이면서 그들의 사기가 올라갔던 것이었다. 그래서 메이요 교수는 작업 환경이나 금전적인 요인보다 직원들의 심리적인 요인에 의해 생산량이 크게 좌우된다는 것을 알았다. 호손웍스 실험 결과를 중소기업에 적용하면 사장의 직원들에 대한 관심과 격려가 생산성과 큰 연관이 있다는 것을 의미한다. 사장이나 책임자가 관심을 갖고 격려만 해 줘도 직원들의 업무 효율이 높아진다는 뜻이다.

사장이나 책임자의 관심 유무만으로도 직원의 변화 여부를 가장 쉽게 볼 수 있는 곳이 식당이 아닐까 싶다. 주변에 맛있고 친절하다고 소문난 식당에 가 보면 주인이 직접 음식을 만들거나 손님들에게 음식을 가져다주거나 하면서 직원들과 함께 일하는 경우가 많다. 또는 주인이 틈틈이 손님들 사이를 다니며 반찬을 미리 추가해 준다든지 음식이 아직 나오지 않은 테이블을 일일이 확인해 주방 종업원에게 독촉을 한다든지 하면서 종업원들과 함께한다.

언젠가 유명 프랜차이즈 음식점을 방문한 적이 있었는데, 처음엔 손님도 많고 음식도 맛있었지만 한 3개월 후에 다시 가 보니 상황이 조금 달라져 있었다. 직원들은 내가 부르기 전까지는 자기들끼리 구석에서 노닥거리고 있었고, 음식도 이전에 비해 늦게 나왔다. 혹시나 해서 확인해 보니 사장이 외출하고 매장에 없었다.

호손 효과가 나타날 수 있었던 것은 매슬로우의 욕구 5단계 중 4단계인 '존경 욕구'의 충족과도 관련이 있다고 본다. 즉 이것은 타인에게 인정받고자 하는 욕구이다. 결국 사장이 함께 있다는 것은 직원의 입장에서 보면 자신이 얼마나 열심히 노력하고 있는지를 보여 줄 수 있는 좋은 기회이기도 하다는 뜻이다.

하지만 사장이 바쁘다 보니 언제나 직원들과 함께 있을 수가 없다. 내가 이야기하고픈 것은 "종일 직원과 함께 있어라" 하는 것이 아니라, 오히려 5분을 있더라도 사장의 존재감을 직원들에게 심어 준다면 사장이 항상 관심을 가지고 자신을 지켜본다는 느낌을 직원들에게 줄 수 있다는 의미다. 마치 캐나다의 보이지 않는 관찰자처럼 말이다.

　문제는 방법이다. 나 같은 경우에는 회의를 하기 위해 회의실로 향하는 짧은 시간 동안에도 일하는 직원들과 일일이 눈을 마주치려고 노력했다. 그들과 눈이 마주치면 항상 가벼운 눈인사를 하거나 미소로 답했다. 또한 화장실을 가거나 담배를 피우기 위해 이동하는 시간 등 자투리 시간을 최대한 활용했다. 그리고 오전부터 외부에 약속이 있는 날에도 되도록이면 일단 사무실로 출근해 단 5분이라도 직원들과 인사를 나누고 밖으로 나갔다. 또 오후 늦게 외근을 마치더라도 되도록이면 사무실에 들어와 혹시나 야근하는 직원이 있을 경우 그들에게 인사하고 퇴근을 하려고 했다. 직원들의 입장에서 볼 때 나는 항상 자신들 주변에 있는 사장이었다.

　나와 눈인사를 하거나 마주친 직원들은 그날 하루만이라도 머릿속으로 사장에 대한 존재감을 느끼지 않았을까 생각한다. 현실적으로 사무실에 늘 있을 수만은 없는 사장의 입장에서 이 방법이 직원들에게 관심을 표현하기에 가장 좋은 방법일 듯싶다.

　삼성전자 임원들의 출근 시간은 오전 7시다. 그에 비해 팀장급들의 출근 시간은 8시이며, 직원들은 9시까지 출근한다. 실무자들과는 달리 임원이 되면 대부분 사무실에 앉아 내내 자리를 지키면서 업무를 보지 않는다. 외부 행사도 많고, 회의도 많다. 삼성전자에서 임원들의 출근 시간을 조정한 것도 아마 팀장들이나 직원들에게 임원이 사무실에 있다는 존재감을 알려 주기 위함이 아닐까?

디테일하게
업무를 지시하라

 만약 직원이 "이번 프로젝트에 대해 언제까지 조사해서 보고서를 올릴까요?"라고 사장에게 물었을 때 사장이 "다음 주까지"라고 대답했다고 가정해 보자. 그러면 이때 보통 사장은 보고를 받는 시점이 다음 주 월요일이나 화요일이라고 생각하지만, 직원은 목요일이나 금요일에 보고하는 것으로 생각한다. 그럼 사장과 직원의 보고서 마감 날짜에 대한 차이는 3일이나 나게 된다. 비즈니스 데이로 3일이면 엄청난 차이다. 그러므로 직원들에게 업무 지시를 할 때에는 정확한 날짜를 정하고, 거기에다가 시간까지 정해 줘야 서로 오해가 생기는 법이 없다.

 사장은 보통 임원이나 팀장들에게 업무 지시를 하므로 그 임원이나 팀장들이 다시 평직원을 불러서 일을 시킨다고 가정해 보면, 이 업무 지시 사항을 전달하는 과정에서 임원이나 팀장의 사견이 들어갈 여지가 대단히 많이 있다.

어떤 직원에 대해 업무 진행 속도가 너무 느리다거나 또는 빠르다라고 말하는 경우가 있다. 그런데 속도가 빠르다, 느리다 등으로 직원의 업무 역량을 판단하는 것은 매우 비과학적이고, 지극히 주관적인 생각일 뿐이다.

직원들의 업무 속도가 느릴 때 '내가 업무 지시를 제대로 하지 못하는 건가?'라고 생각하는 사장들은 거의 없다. 업무가 지연되거나 실패했을 경우 대부분 직원 탓을 하지, 본인에게 그 원인이 있다고 생각하지 않는다는 뜻이다. 그러나 같은 업무라도 어떤 방식으로 지시를 하는가에 따라 그 성과는 완전히 달라질 수 있다.

사업 초반, 회사 규모가 작았을 당시 직원들이 몇 명 되지 않아 전체를 대상으로 업무 지시를 하는 경우가 종종 있었다. 경영 효율화가 필요한 시점이어서 직원들에게 현재 비즈니스 절차상의 어려움을 토로하고 뭔가 개선할 아이디어가 있으면 알려 달라고 이야기를 했지만, 몇 개월이 지나도록 그들은 별다른 관심을 보이지 않았다.

주위에 사람들이 많을수록 어려움에 처한 사람을 돕지 않게 되는 현상을 뜻하는 '방관자 효과'라는 심리학 용어가 있다. 즉 어떠한 사건이 일어났을 때 다른 사람들이 어떻게 행동하는가에 따라 자신의 행동을 결정하는 현상인데, 서로에게 책임을 미루는 책임 분산의 의미도 여기에 포함된다. 그래서 구체적인 지시 대상이 없으면 직원들 스스로 함께 회의해서 결정하는 것이 아니라, 서로에게 미루다 업무를 처리하지 못하는 경우가 더 많다. 이것은 공동에게 업무를 지시해서 공동이 책임을 지길 원하지만, 사실 공동책임이라는 말은 그 누구도 책임을 지지 않는다는 의미와 동일하다.

그러므로 사장이 직원들에게 업무 지시를 내릴 때에는 시한을 정확히 정하고 디테일하게 해야 한다. 디테일하게 지시하라는 것이 하나하나 작은 것까지 모두 결정해서 알려 주라는 의미가 아니다. 예를 들면 제안서 작업 시 목표나 일정, 그것을 실행할 팀원 등은 정해 주고, 나머지 시장 조사의 범위나 방법 등 직원 스스로가 직접 결정할 수 있는 부분은 남겨 놓아야 좀 더 책임감을 가지고 능동적으로 진행하는 경우가 많다.

업무의 전체적인 흐름을 알려 주면 그 업무의 의도와 방향을 파악할 수 있게 된다. 그리고 구체적으로 원하는 범위와 결과를 지정해 주고, 그 업무 내에서 담당자의 권한을 설명해 준다. 또한 지시한 내용에 관하여 상세하게 메모를 하도록 직원들에게 주지시켜야 한다. 직원들도 지시를 받을 때는 이해가 되는 듯하지만, 다른 업무를 먼저 하다 보면 상세한 부분은 잊어버리기 십상이기 때문이다. 가능하다면 해당 직원에게 지시받은 업무 내용을 설명해 보도록 하는 것이 좋다. 함께 일을 진행해 본 경우가 많다면 이미 상대방의 업무 스타일이 익숙한 상태라 오해가 없지만, 그렇지 않다면 서로가 어느 정도 의사소통이 되었는지 확인해 보는 것도 좋은 방법이라고 생각한다.

디테일한 지시는 일을 두 번 하지 않도록 한다. 그리고 이러한 지시를 할 때에는 마치 소개팅에 나온 이성을 대하는 것처럼 부드럽게 알려 주어야 한다. 그렇게 하면 좋은 이유는 직원들이 지시 내용에 대해 잘 이해가 되지 않을 때 언제든지 사장에게 다시 물어볼 수 있기 때문이다. 지시가 디테일하면 돌아오는 보고서도 디테일해진다.

이렇게 디테일하게 지시하기 위해서는 사장이 즉흥적으로 업무 지시를 내려서는 곤란하다. 직원과 마찬가지로 사장도 자신이 지시한 내용을 기억해야 한다. 자신이 지시한 내용을 기억하려면 사장에게도 메모가 필요한데, 이럴 경우 연간 스케줄러를 사용하면 좋다. 거기에 1년치 스케줄을 정리하고 메모해 둘 수 있다. 그게 아니라도 노트든 스마트폰이든지 자신이 사용하기에 편리한 것 하나를 골라서 메모를 해 두면 된다.

업무 지시 사항을 메모해서 직원에게 주면 더 좋다. 그리고 정해진 날짜는 물론 시간까지 정확하게 말해 주는 편이 좋다. 사장이 미처 외부 미팅이나 회의 때문에 바쁘다면 문자라도 남기거나 메일을 보내라고 일러두어야 한다.

나도 처음에는 이렇게 업무 지시를 하지 못했다. 한번은 직원에게서 보고를 받기로 한 날짜에 마침 외부 약속이 있어서 외출하였다가 다음 날이 토요일이라 주말을 보내고 다음 주가 되었던 적이 있었다. 나는 그 일에 대해 까맣게 잊어버렸다가 며칠 후가 지나서야 그때 지시한 것을 생각해 내고는 직원에게 왜 보고를 하지 않았느냐며 화를 냈다.

직원은 보고하기로 한 날 내가 외출을 해서 보고를 하지 못했고, 그 다음에도 사장인 내가 별말이 없어서 본인도 가만히 있었다고 변명하였다.

어쨌거나 결론은 내 잘못이었다. 그 사건 이후로도 몇 번의 실수를 더 하고 나서야 나는 내 업무 지시 방식을 바꾸었다. 혹시 내가 못 챙기더라도 나에게 문자나 전화를 하라는 지시를 추가했던 것이다.

사장이 이렇게 디테일하게 업무 지시를 해야 하는 이유는 '직원의 시간은 곧 돈'이기 때문이다. 사장이 시킨 일을 하는 동안 직원의 시간은 회사의 비용이다. 즉 정확하게 업무 지시를 하는 것은 회사의 비용을 아끼는 것이다.

현대 비즈니스는 모든 분야에서 다수의 경쟁자들이 있다. 경쟁자를 이기는 힘은 회사의 규모가 아니라, 업무 처리 속도다. 빠른 업무 속도야말로 어떤 문제를 처리함에 있어서 경쟁의 핵심이다. 그런데 업무 속도는 대부분 사람에게서 기인하는 경우가 많다. 만일 회사의 업무 속도가 늦어진다면 조직의 구조조정을 단행해서라도 바꾸어야 한다. 기업에게 시간은 곧 돈이기 때문이다.

그래서 빠른 업무 속도를 위해 지시를 디테일하게 내리는 것은 기본이다. 업무 지시를 디테일하게 하려면 사장부터 매사에 메모하는 습관을 들여야 한다. 메모는 기억의 훌륭한 보조 장치다. 메모를 하고 나면 그 일에 대해서는 잊어도 좋다. 메모장을 들여다보면 지난 주말이나 밤사이 생각했던 업무나 아이디어가 떠오를 것이다. 그걸 직원에게 지시하면 된다. 그 지시 내용도 단 한 줄로 간단히 메모하면 된다. 이런 사장이라면 어떤 분야에서든지 단연코 1등을 할 것이다.

임원이 일하지 않는 회사는 망한다

　인사관리 업무를 하는 데 어려운 것 중 하나가 중간관리자, 즉 사장과 직원들 간의 중간 역할을 해야 할 관리자들이 그 역할을 제대로 잘하지 못하고 있을 때 어떻게 대처하느냐이다. 조직 내에서 일하지 않는 평직원을 발견하는 것은 쉽지만, 일하지 않는 상사를 찾아내기란 매우 어렵다. 부하직원들의 비호 속에서 그것이 쉽사리 발견되지 않기 때문이다.

　일하지 않는 상사가 아무런 제재를 받지 않으면, 결국 일을 하지 않는 습관이 몸에 밴다. 그렇게 되면 권고사직을 당하는 직원들이 속출할 수밖에 없다. 퇴사자가 많이 생기면 당연히 그 부서는 축소되거나 없어지고 만다. 비록 퇴사자가 없다고 하더라도 결국 그 부서는 매출

저조나 다른 부서와의 갈등 등으로 문제를 일으키게 된다.

게으른 상사에게 직장은 비슷한 시기에 입사해서 비슷한 성과를 내고 그 성과에 대해서 급여만 받으면 그만인 곳이다. 그는 아이디어나 창의력으로 미래의 먹을거리를 생각하는 것이 아니라 자신의 학벌을 내세우고 과거 지향적인 발언으로 주위를 무색하게 만든다.

이런 임원들은 명문대 학벌을 가진 경우가 많다. 자신의 인맥을 자랑하지만 정작 회사의 필요에 의해 전문가에게 연줄을 대려고 하면 쓸모 있는 사람이 하나도 없는 경우가 허다하다. 또한 자기만의 라인을 만들고 줄서기를 강요한다. 이들이 라인을 만드는 이유는 실력으로 승부할 자신이 없기 때문이다. 또한 내 사람과 남의 사람으로 구분하며, 내 사람이 아닌 직원들에 대해서는 압박하고, 따돌린다. 흡사 기존의 구태 정치를 닮아 있다. 이렇게 되면 사장이 외부에 신경을 쓰느라 정신이 없는 사이 회사는 멍들어 간다.

사장에게 가장 큰 복은 능력 있는 임원을 만나는 것이다. 어떤 임원이 능력이 있을까? 여기에는 정답이 없다. 하지만 내가 생각하기에 임원은 사자 같은 사람이어야 한다.

사자들은 보통 15마리에서 20마리가 함께 어울려 지내는데, 그중에서 우두머리 사자는 필요한 순간 얼룩말이나 물소를 사냥해서 그 무리를 먹여 살린다. 여기에서 사자가 하는 일을 잘 봐야 한다. 사자는 사냥을 한다. 사냥은 생존을 위함이다.

평소에는 할 일 없이 주변을 어슬렁거리며 수풀 속에 누워 있는 듯

보이지만, 그 눈은 사냥감을 끊임없이 탐색하고 감시하며 가장 적절한 때를 기다리고 있다. 그 긴 시간을 견디고 있는 것이다.

마찬가지로 임원은 평소 조용히 있다가 회사가 필요로 하는 일을 척척 해내면 된다. 회사의 생존을 위해서 필수적인 행동을 해야 하는 것이다. 그것이 영업력이든지 기획력이든지 상관없다. 회사 매출에 기여가 되는 일이라면 무엇이든지 물불을 가리지 않고 해내야 한다. 그것이 현대 기업에서 필요로 하는 임원의 능력이다.

이런 사자 같은 임원은 회사의 생존과 직결되어 있다. 낮 시간을 한가하게 보내다가도 저녁 6시가 되면 임원의 일이 시작된다. 가장 핵심이 되는 인사를 만나 식사도 하면서 회사의 이익이 되는 부분을 찾아야 한다. 그렇게 임원들이 열심히 뛰는 회사와 그렇지 않은 회사는 성과 면에서 엄청난 차이가 난다.

한동안 친구 F가 우리 회사의 임원으로 근무했었던 적이 있었다. 그는 국내에서 좋은 대학을 졸업하고 나서 외국으로 2년 정도 유학한 후 대기업에 들어갔다. 하지만 그 후 어떤 사정이 있었는지 나와 만났을 때는 지방의 한 공장에서 임원으로 근무하고 있었다.

마침 회사를 혼자 이끌어 가기에 힘이 부치던 차에 서울에서 근무하기를 희망한 그 친구를 우리 회사에 합류시켰다. 그러고는 고객사의 수가 점점 늘어나고 있었던 터라 그에게 이사로서 고객사 관리를 부탁했다.

그런데 그가 이사를 맡은 후 언제부터인지 회사 매출이 정체되기 시작했다. F 이사를 지원하라고 그 부서에 보낸 G 과장 또한 얼굴 보기가 점점 힘들어졌다. F 이사는 물론 G 과장에게도 무슨 일이 있는지를 물어보았으나, 그들은 별다른 문제가 없다는 답변만 하였다.

그러다가 6개월 정도가 지난 후 F 이사가 관리하던 고객사 대표를 우연히 만나게 되었는데, 그가 나에게 많은 섭섭함을 표해 무척이나 당황스러웠다. 고객사 관리가 매우 소홀했었던 것이다.

이내 사무실로 돌아와 내 방으로 F 이사와 G 과장을 불렀다. 그제야 G 과장은 그동안 업무를 소홀히 했었노라고 실토했고, 결국 F 이사는 회사를 떠났다.

성장하는 회사, 미래가 밝은 회사는 방문해 보면 티가 확 난다. 직원들의 표정이 밝고 활기차며, 잠깐 동안만 있어도 그들이 생산하는 제품에 대한 열의가 느껴진다.

직원을 일 시키려면 먼저 사장이 일해야 한다. 사장이 놀면서 직원들을 일 시키기란 정말 어렵다. 사회에서 열심히 일하는 부모들치고, 그 자녀들의 능력이 부족한 경우를 찾아보기가 힘들다. 솔선수범은 가장 훌륭한 교육이다.

사장이 일을 하지 않으면 임원들 또한 일을 하지 않는다. 임원이 일을 하지 않으면 마찬가지로 팀장들도 일을 하지 않는다. 사업을 하고 있다면 회사에 집중해야 하고, 모든 것이 회사 중심으로 돌아가야 한다. 사장이 먼저 일에 집중해야 그걸 보고 임원들이 일을 하고, 그 모습을 보고 직원들이 잘 따라와 주어야 그 회사가 오래도록 성장할 수 있다.

Chapter 6

인사가 만사다

사소한 것을 그냥 넘어가면 큰 사고를 친다

앞서 언급한 '깨진 유리창의 법칙'을 다시 거론하지 않더라도 계속 문제를 방치하면 최악의 상태가 일어날 수 있다라는 것은 기본 상식이다. 더 중요한 것은 어떤 문제들이 주의해야 할 사소한 문제이며, 그 문제가 발생했을 때 어떻게 대처해야 하는가이다.

중소기업에서는 사실 직원들이 저지르는 작고 사소한 일은 그냥 넘어갈 수밖에 없는 경우가 많다. 당장 해결해야 할 일이 산더미이고 진행해야 할 일도 잔뜩 쌓여 있다 보니, 자잘한 문제가 뭔지 일일이 알아볼 시간이 없기 때문이다. 그럼에도 불구하고 습관처럼 한 번 더 확인하고 문제가 지속적으로 발생한다면 직원에게 반드시 주의를 줘야 한다.

회사를 운영하면서 직원들에게 "지각하지 말라"는 이야기를 많이 했지만, 좀처럼 직원들의 지각 습관이 줄지 않았던 적이 있었다. 대기업과 달리 야근 수당이나 휴일 수당을 줄 수 없는 상황에서 직원이 지각한다고 해서 징벌적 차원에서 급여를 삭감할 수도 없고, 그렇다고 지각하는 직원을 그냥 두고 볼 수도 없어 무척이나 고민이 많았다.

그런데 사실 처음부터 직원들의 지각이 고민되었던 것은 아니었다. 사업 초기에도 물론 지각하는 직원이 있긴 했지만, 당시에는 직원 수가 많지 않아서 서로 가정사까지 알 수 있을 정도였기에 대수로이 여기지 않았던 것뿐이었다. 그런데 점점 직원들이 늘어나면서부터는 지각 처리에 대한 형평성 문제가 제기되었다. 5~10분 정도 지각하는 직원이 있는가 하면, 1~2시간 지각하는 직원도 있었다. 야근 등으로 몇 분 지각하는 직원들은 그런대로 용인할 수 있었지만, 아예 한두 시간 이상 늦게 출근을 하는 직원들이 문제였다. 같은 지각이라고 생각할 수 있지만, 당시 내 생각으로는 두 경우가 같지 않았다.

그중 O 대리의 지각이 특히 잦았다. O 대리는 일주일에 3~4회 이상을 지각하였다. 하지만 그는 신입으로 입사해 2년 반 만에 대리로 승진할 만큼 실적이 좋았으며, 주말에도 가끔 나와서 일하고 야근도 많이 할 정도로 열심히 일하였다. 때문에 나는 그 직원에게 굳이 지각에 대해 언급하지 않았다.

그러던 어느 날 O 대리가 진행하던 고객사의 이벤트에 문제가 생겼다. 가끔 고객사가 이벤트의 전체 진행까지도 우리 회사에 맡기는 경우가 있었는데, O 대리가 고객사의 담당자와 함께 각자의 친인척을 동원해서 그들을 이벤트 당첨자로 만들어 버린 것이었다. 경품에 고가의 카메라 등이 포함되어 있어 이벤트 당첨자였던 고객사 담당자의 친척은 본인 부담이 원칙인 제세공과금을 우리 회사에서 처리해 줄 것을 요청했고, 그것으로 인해 부서 직원들이 그 사실을 전부 알게 되었다.

일단 해당 팀의 팀장을 불러 내용을 확인했다. 팀장은 O 대리가 잦은 지각에도 불구하고 회사에서 아무런 제재가 없어 사장인 나의 특별한 총애(?)를 받는 것으로 생각했고, O 대리 또한 그렇게 생각해서인지 내부절차 없이 업무를 진행했다는 것이었다. 그는 마치 나의 묵인 아래 이번 이벤트가 진행된 것으로 오해하고 있었다. 암묵적으로 직원들은 O 대리가 사장인 나의 신임을 받고 있으니 건드리지 않는다는 것이었다. 나는 그 말에 살짝 충격을 받았다.

그 이후 부랴부랴 회사 내 지각과 관련된 지침을 만들었다. 전날 야근으로 인해 연장 근무한 경우에는 오전에 늦게 출근하더라도 인정하지만, 그 외 개인적인 사유로 지각을 할 경우에는 몇 회 이상 시 인사평가에 불이익을 받을 수 있다라는 내용을 직원들에게 공지했다. 이렇게 지각과 관련해 내용을 공식적으로 공지함으로써 나와 직원들 사이의 오해를 잠재울 수가 있었다.

회사 내 작고 사소한 일이라 할지라도 사장은 누구보다 공정하고 엄중하게 처리해야 한다. 상식적인 일이라고 생각해 그냥 내버려 두거나, 내가 알고 있으니 직원들도 알아줄 거라고 안일하게 처리하기보다는 문제가 발생하면 공식적으로 알리고, 그 해결책을 직원들과 공유해야 한다.

사실 회사 내의 사소한 일이라고 하면 금전적인 것과 관련이 많으며, 그렇다고 굳이 사장이 이야기하기에는 치사한 부분들이 많다. 예를 들어, A4 용지를 자기 집으로 가져가거나 직원들 간식용으로 제공하고 있는 음료수나 빵 등을 점심 대용으로 먹거나 또는 퇴근하면서 그것을 한두 개 정도 가지고 가거나 하는 것 등이다. 그런 것들에 대해 일일이 사장이 이야기하다 보면 치졸해 보인다고 생각해 제대로 말하지 못하는 경우가 많다. 그리고 그것은 개인 인성의 문제로 치부해 버리는 경향도 있다.

그러므로 회사에서는 정기적으로 직원들에게 윤리의식에 대해 강조할 필요가 있다. 그것은 아무리 강조해도 지나치지 않다. 옛말에 '바늘도둑이 소도둑 된다'고 했지 않은가. 작은 것을 어겼을 때 제대로 이야기하고 개선하도록 지시해야 한다. 누군가는 그깟 이벤트 당첨 건을 가지고 무슨 난리냐고 말할 수도 있지만, 이런 작은 부분부터 정직하지 않으면 더 큰 사고를 칠 수도 있다.

자신의 차 사고는 거의 없지만 회사 차량은 금방 망가진다. 회사의 공용물건들을 사용함에 있어서도 직원들에게 내 것처럼 아껴 쓰도록 바랄 수는 없다. 하지만 이 또한 교육으로 계도가 가능하다.

어느 날, 고가의 촬영용 카메라가 깨지는 사고가 발생했다. 직원들 중에 누군가가 저지른 일이었지만 먼저 나서서 본인이 그렇게 했다고 이야기하는 사람이 아무도 없었다. 총무팀에서 확인을 해야 했지만, 다른 업무로 인해 바쁜 와중에 일어난 일이라서 확인할 방법이 없었다. 물론 직원들이 업무를 진행하다가 일어난 사고이고, 고의가 아니었다. 어쩌면 그 고가의 카메라를 떨어뜨려 사고를 낸 직원이 더 놀랐을 수도 있다. 또한 회사에서 정한 파손품 규정에 의거해서 자신이 물게 될 분담금이 부담되었을 것이다.

그전에 가끔 회사 내에서 고가의 카메라가 여기저기 돌아다니는 것을 보았는데, 누군가가 총무팀에 반출 요청을 해 놓고 다른 일을 하다가 자신의 책상이 아닌 다른 곳에 그냥 놔 둔 것이었다.

그런 경우 사장은 관련 팀장을 불러서 주의를 줘야 한다. 이런 일들은 번거롭지만 반드시 해야 한다. 작은 실수는 바로 그 자리에서 재발이 안 되도록 그리고 추후에 비슷한 일이 일어나더라도 공정하게 처리될 수 있도록 가이드라인을 만들어 두는 것이 매우 중요하다.

한번은 영업직원이 사고를 친 적이 있었다. 규모가 좀 있는 A 쇼핑몰의 광고를 수주하기 위해 주요 경쟁사인 B 쇼핑몰에 대한 정보를 알려 준 것이었다. 그런데 그 두 쇼핑몰 사장은 평소 친분이 있는 사이였다. 그래서 A 쇼핑몰 사장은 이 일에 대해 B 쇼핑몰 사장에게 전화를 걸어 이야기하였고, B 쇼핑몰 사장은 씩씩거리며 나에게 항의를 하였다. 사실 광고주의 정보를 이렇게 오픈하는 것은 절대 있어서는 안 되는 일이다. 결국 그 영업직원을 불러 다시는 이런 일이 발생하지 않도록 주의를 단단히 시켰다.

직원들은 회사에서 설명하지 않은 부분은 해도 된다고 생각하는 경향이 있다. 그래서 이런 사고들에 대비해 직원들에게 회사와 직원들 간의 책임 분담 부분에 대해서 미리 이야기를 해 주는 것이 좋다. 사업을 하다 보면 '좋은 게 좋은 것이 아니다'라는 것을 금방 깨닫게 될 것이다.

칭찬의 양면성을 알라

사람은 자기를 칭찬하는 사람을 좋아한다. 립 서비스라는 것을 뻔히 알면서도 칭찬을 들으면서 기분 나빠 하는 사람은 없다. 『칭찬은 고래도 춤추게 한다』는 책이 한동안 베스트셀러에 올라올 정도로 인기를 끈 적이 있었으니, 칭찬의 중요성이나 활용에 대해서는 충분히 인지하고 있을 것이다.

칭찬은 직원 관리의 매우 중요한 덕목이다. 사장의 미소와 칭찬 한마디가 직원들을 힘 나게 만든다. 칭찬을 한다고 복이 달아나는 것도 아니고 돈이 드는 것도 아닌데, 사람들은 왜 칭찬에 인색한지 도통 모르겠다.

회사를 운영하면서 혼내기보다는 따스한 말로 격려하고 칭찬하는 것이 업무를 더 정확하고 빠르게 처리하도록 만든다. 그런데 이 칭찬에도 요령이 필요하다. 너무 처음부터 대놓고 칭찬하는 것은 오히려 역효과를 불러온다. 그리고 칭찬에도 유통기한이 있다. 그래서 칭찬할 일이 있으면 바로 그 자리에서 즉시 하는 것이 좋다. 또한 두리뭉실하게 칭찬하기보다 잘한 부분에 대해 구체적으로 칭찬해 주면 좋다. 사장의 칭찬은 그래서 더 정확해야 한다.

그리고 칭찬은 사람들이 많은 곳에서 공개적으로 하면 할수록 좋다. 한 번의 칭찬 효과는 최소한 1년은 간다. 하지만 직원을 혼내거나 추궁할 일이 있을 때는 사장실 문을 닫고 조용히 아무도 모르게 하라. 그러면서도 칭찬거리를 찾으면 좋다. 다 혼내고 난 후 칭찬을 해 주면 직원은 사장에게 더 미안함을 느낄 것이다.

아론손과 린다라는 심리학자가 칭찬의 상황에 대한 실험을 했다. 모두 네 그룹으로 나누어 첫 번째 그룹에게는 처음부터 계속 칭찬만 하도록 했고, 두 번째 그룹에게는 처음부터 끝까지 비난만 하도록 했다. 그리고 세 번째 그룹은 처음에는 비난, 끝에는 칭찬으로 마무리하게 했으며, 네 번째 그룹은 처음에는 칭찬을 하다가 마지막에는 비난을 하도록 했다. 결과는 어땠을까? 얼핏 보기에는 사람들에게 계속 칭찬만 해 준 첫 번째 그룹의 호감도가 가장 높을 것이라고 생각하겠지만, 사람들은 처음엔 비난을 했지만 칭찬으로 마무리하는 세 번째 그룹에 더 많은 호감을 보였다.

일반적인 사람들에게 하는 칭찬과는 달리 사장의 직원에 대한 칭찬은 종종 오해를 부를 수도 있다. 사장의 칭찬을 받는 직원의 입장에서는 사장의 칭찬은 곧 자신에 대해 인정하는 것이라고 생각해, 승진이나 급여 인상 등을 기대하기도 하고 때로는 회사에서 기고만장한 태도를 보이기도 한다.

그래서 일부러 직원들을 칭찬하지 않는다고 하는 거래처 사장님도 있었다. 그의 말에 의하면, 직원을 칭찬해 주면 자신이 정말로 잘해서 칭찬해 주는 줄 착각한다는 것이었다. 물론 그런 부작용이 있을 수 있겠지만, 그럼에도 불구하고 직원들에게 회사에 대한 자부심을 가지고 일할 수 있도록 하는 방법 중에 칭찬만큼 좋은 방법은 아직은 없는 듯하다.

나는 프로젝트가 늦어지더라도 직원들에게 화를 내지 않고, 오히려 그들이 고생을 많이 한다고 칭찬했던 경험이 있다. 물론 내 속마음은 조급했지만 겉으로는 티를 내지 않았다. 조급함을 티 낸다고 일이 빨리 마무리되는 것도 아니다. 오히려 어떤 것이 문제인지 같이 고민하고 프로젝트를 만드는 과정에서 불필요한 부분을 없애 주는 편이 업무 속도를 내는 데 더 도움이 된다.

직원의 입장에서는 약속한 날짜를 맞추지 못한 것이 미안하기에 업무를 진행하면서 어려움이 있어도 사장에게 제대로 말을 하지 못하는 경우가 많다. 이럴 때 오히려 사장이 "고생하고 있다"는 말과 함께 테이블에 같이 앉게 되면 생각보다 남은 일정이 단축될 수도 있다.

물론 100명이 넘는 직원들을 모두 칭찬으로 대한 것은 아니었다.

나는 본부장들에게는 조금 엄하게 했다. 그들은 칭찬으로만 관리하는 대상이 아니라고 생각했기 때문이다. 본부장들에게는 나와 같은 눈높이에서 회사에 대한 주인의식을 심어 주고 싶었고, 외부 상황에 대한 경각심도 높여 주고 싶었다. 칭찬으로 관리하는 것은 팀장급까지였다.

회사의 브랜딩을 통해
파워를 높여야 하는 이유

물리학에서 파워power는 힘을 의미한다. 인간이 존재하는 곳이라면 반드시 파워가 있다. 그리고 그 파워는 다양한 형태로 발휘된다.

회사와 직원 사이에도 보이지 않는 파워가 있다. 그 파워를 잘 관리해야 회사가 성장할 수 있다. 회사의 파워가 강하면 직원들의 파워가 약하고, 직원들의 파워가 강하면 회사의 파워가 약하다. 내가 생각하기에 현대자동차는 직원들의 파워가 강한 회사이고, 삼성은 회사의 파워가 강한 곳이다. 회사의 파워가 세면 직원들이 회사의 규율 등을 잘 따르고, 반대로 직원의 파워가 강하면 회사가 직원들의 눈치를 본다.

대기업은 이미 수십 년간 축적된 기업 운영의 노하우와 브랜드 파워를 지니고 있다. 따라서 직원들도 기업의 파워에 순응하고 빠르게 조직 내 문화에 흡수되어 간다.

하지만 중소기업에서의 직원들 행동은 대기업과 다르다. 특히 영업 직종이 더 그렇다. 대기업과는 달리 중소기업은 영업직의 경우라도 초기 연봉이 높지 않다. 대다수의 중소기업에서는 영업직에 대해 고정급은 낮게 책정하고 영업 성과와 연동한 수당을 합산해 월급을 지급하기 때문이다. 그러다 보니 회사에 대한 기대치보다는 자기 자신의 의지가 확고한 편이다.

영업사원의 경우 실적이 곧 능력이다. 실적이 낮을 때는 순응하며 회사 정책에 잘 따른다. 하지만 그 영업사원이 벌어들이는 매출이 현격히 올라가게 되면 해당 직원의 파워가 강해진다. 자신이 회사에 많은 기여를 한다고 생각하는 순간 대다수 직원들의 태도가 변한다. 직원도 사람이기에 초심은 조금씩 바뀌는데, 변하는 것이 물론 나쁘다는 뜻만은 아니다. 사장들은 이런 부분을 잘 알고 있어야 한다. 회사와 직원 간의 이런 파워 게임은 모든 회사에 존재한다.

최근 유명 학원의 소속 강사들이 대부분 다른 학원으로 옮겼다는 소식을 인터넷 기사로 보았다. 이 때문에 이 유명 학원의 매출은 1/5로 급감했다고 한다. 스타강사들이 다른 학원으로 옮기기 전 학원 측에 요구한 것은 회사 지분의 절반이었다. 즉 회사의 경영권까지 노린 것이었다.

이 사건은 직원과 회사 간의 파워 게임이 어떤 식으로 변질되는가를 잘 보여 주는 사례다. 학원의 파워가 곧 스타강사 자신들에 의해 좌

지우지된다는 것을 잘 알고 있었던 것이다. 이 학원은 스타강사에게 너무 의존한 결과 모든 것을 잃었다.

직원들의 파워가 커지게 되면 회사의 파워도 커져야 한다. 인센티브를 주는 등 다양한 방법을 활용해 회사와 직원 간 파워의 균형을 맞추려고 노력해야 한다. 그래야 회사가 무너지지 않는다. 그러기 위해서는 평소 회사의 브랜드 파워를 키워 두어야 한다.

브랜드 파워가 그래서 중요한 것이며, 브랜드의 확장을 통해서 또한 좋은 인재들이 회사를 찾아오도록 해 준다. 좋은 인재들이 입사하면 회사는 더 성장하고, 그 과정에서 회사의 브랜딩은 더 강화된다. 단, 회사만 잘 운영하면 저절로 브랜딩이 된다고 생각하는 것은 매우 위험한 생각이다. 절대 그렇지 않다. 회사의 브랜딩은 홍보를 통해서 강화시켜야 한다.

회사의 브랜딩을 위해 사용하는 홍보비는 전기세, 수도세와 같이 필수 비용이라고 생각해야 한다. 저절로 알려진다고 생각하는 것만큼 어리석은 생각은 없다.

세상에는 좋은 회사와 나쁜 회사가 분명히 존재한다. 좋은 회사를 만나면 비용 대비 엄청난 효율을 내면서 회사의 브랜딩이 커지는 효과를 누릴 수 있을 것이다. 아직 회사가 외부에 알릴 만한 성과물이 미약하거나 규모가 다소 작다면 회사 대표를 홍보하는 방법도 있다. 홍보 쪽 전문 용어로 PIPresident Identity(최고경영자의 이미지)라고 한다. 대표를 홍보하여 회사를 알리는 방법을 활용하는 것이다.

그리고 요즈음에는 작은 가게의 사장이나 직원들이 「생활의 달인」이라는 프로그램에 출연해 전국적인 인지도를 갖기도 한다. 많은 돈을 들이지 않고도 회사를 알릴 수 있는 홍보의 기회는 널려 있다. 단지 그 방법을 찾아보지 않았을 뿐이다.

회사의 파워는 곧 회사 브랜딩의 파워다. 그러니 회사의 브랜딩 파워를 틈나는 대로 높여야 한다. 그래야 회사를 찾는 고객도 늘릴 수 있고, 직원을 관리하기에도 한층 더 수월해진다.

블록형 2인자만 잡아라

　대부분의 사장들은 보통 번뜩이는 아이템을 가지고 사업을 시작한다. 이때 중요한 것은 창업 아이디어를 더 고도화시켜 나가는 것이다. 물건이 잘 팔려서 매출이 올라야 회사를 운영해 나갈 수 있기 때문이다. 그 괜찮은 아이템이 사람들에게 널리 알려지게 되면, 회사의 규모가 점점 커진다. 사장이 상품의 고도화와 외부 투자나 영업에 신경을 쓰다 보면 자연스레 내부 직원 관리에는 소홀해질 수밖에 없다.
　혼자서 일할 때는 비즈니스 아이템만 챙기면 되지만, 직원이 늘어나다 보면 조직 관리가 쉽지 않다는 것을 알게 된다. 그러다 보면 사장 혼자서 세세히 조직 관리까지 다 챙기기에는 벅찬 순간이 온다. 이때가 사장에게 조력자가 필요한 타이밍이다.

조직 관리는 2인자를 통하여 하는 것이 좋다. 사장은 한 명이지만 2인자는 한 명일 수도 있고, 여러 명일 수도 있다. 2인자는 보통 임원급이나 부서장급이며. 이들을 통해서 커뮤니케이션하는 것이 여러모로 좋다. 어느 정도 규모가 있는 회사의 대표라면 평직원들에게까지 자신의 부족한 부분을 굳이 보여 주지 않아도 되고, 무엇보다 사업 아이템 개발에 집중할 수 있기 때문이다. 사장의 역할을 잘 커버해 주는 2인자를 만나면 그 회사는 급성장할 수 있다. 나의 경우 이사와 본부장 2명을 통해 모든 조직 관리를 맡겼다.

사장이 해야 하는 일을 나열해 보면 제품 기획, 회사의 미래전략 구상, 자금 조달, 외부 경영환경 체크 및 업체와의 제휴, 영업 · 마케팅 및 홍보 등등이 있다. 이 모든 것을 잘 처리해야 하는 건 보통일이 아니다. 난 전산팀도 직속으로 챙기고 있었기에 그래서 조직 관리에 대해서는 그들에게 과감하게 일임하기로 했다. 그럼에도 당연히 내 승인 범위 안에서만 조직 관리가 이루어졌다.

처음부터 이 방법을 사용한 것은 아니었다. 사업 초기에 조직 관리를 직원에게 완전히 맡겼다가 뒤통수를 맞은 후부터 이 방법을 사용하기 시작했다.

외부에서 자발적으로 들어와서 열심히 팀을 일군 팀장이 있었는데, 별도 공간까지 내주면서 그를 우대했지만, 그는 자신이 뽑은 직원을 다 데리고 나가 결국 경쟁사를 차려 버렸다. 이 일을 계기로 만약의 사태에 대비해 철저히 블록형으로 2인자를 두어야 손해를 최소화시킬 수 있겠다 싶었다. 2인자에게 권한 위임은 하되 방임은 금물이다.

그래서 나는 특정 팀을 블록으로 나누어서 철저히 해당 분야만 2인자에게 맡겼다. 서로의 서열과 직급도 비슷하게 맞췄다. 가끔은 서로 포지션을 바꿔 주기도 하였다. 그리고 나서는 각각의 조직들이 2인자들 밑에서 어떻게 변화되는지를 지속적으로 모니터링했다.

나는 항상 누구 하나를 무작정 밀어주지는 않았다. 그들이 업무를 진행하는 가운데 나오는 이야기들을 듣고 팀의 분위기를 파악하기도 했지만, 가끔은 직원들을 통해 부서의 분위기를 따로 챙겨 들었다.

건강한 관리 감독을 게을리하지 않는 조직은 각 부서의 본부장과 팀장들의 리더십에 따라 잘 성장해 준다. 중소기업에서 1명에게 모든 권한을 다 주는 것은 매우 위험한 행동이다. 특히 중국의 황제들이 지방의 토후들을 지속적으로 관리했던 것처럼 사장도 부서장과 팀장들을 관리함과 동시에 그 해당 팀원들도 지속적으로 관리해 나가야 한다.

조직 관리에 있어서 2인자 경영을 하되, 사장이 완전히 손을 떼면 안 된다. 권한 위임은 하되 지속적인 모니터링을 해 나가야 한다.

직원들을 움직이려면
설득의 명수가 되어야 한다

신입으로 입사해 몇 년간 팀을 만들고 함께 고생해 온 유능한 D 팀장이 5년 전 회사를 그만두고 싶다고 내게 말했을 때 약간 충격을 받았다. 새로운 마케팅팀이 생긴 지 채 1년이 되지 않았을 때였다.

난 D 팀장과 독대하며 그에게 회사의 청사진을 제시하였다. 그리고 나와 함께 멋진 팀을 만들자고 설득했다. 난 절박했고, 그가 필요했다. 그가 하루의 시간을 달라고 했고, 다음 날도 난 또다시 D 팀장을 설득했다. 결국 그는 내게 회사에 잔류하겠다는 의사를 밝혔다.

그 5년 사이 마케팅팀은 두 팀으로 커졌고, 직원은 3명에서 30명으로 늘어나 10배가 성장했다. 또한 수많은 국내 유수의 기업들과 연간 계약을 맺었으며 회사의 캐시카우로서 한몫을 단단히 해 주었다.

간혹 고객사의 사장이나 담당자가 사장인 나를 직접 찾을 때가 있었다. 그들은 담당 직원이 일 처리를 제대로 하지 못한다고 말하거나 회사 기획이 맘에 들지 않는다고 불만을 제기하기 위해서 내게 미팅을 요청해 왔다.

그럼 나는 미리 고객사에 대한 사전 조사를 마치고 필요한 부분이 뭔지 준비해서 미팅에 나갔다. 그리고 고객사들의 이야기를 잘 들어주며, 그 불만을 해소하려 노력했다. 그러고 나면 고객사의 마케팅 예산이 두 배로 증액되어 우리 회사로 돌아오곤 했다.

사장은 언제나 문제를 해결하는 사람이다. 직원들이 해결하지 못하는 문제를 사장은 몸으로 부딪히며 해결할 수 있어야 한다. 평화로운 시기에는 임원들에게 회사를 진두지휘시키고 뒤에 빠져 있어도 되지만, 급한 상황이나 광고주의 컴플레인 같은 것은 기왕이면 사장이 같이 동행해서 챙기는 것이 좋다. 매번은 아니어도 현장에 같이 나가 보면 직원들이 얼마나 고생하는지도 알게 된다. 또 부수적으로 직원들의 속 얘기도 들어 볼 수 있다. 이렇게 직원들의 사정도 알고 시장 상황도 알아야 사장의 말에 힘이 실린다.

설득은 말을 잘한다고 되는 것이 아니다. 설득은 잘 듣는 데서 출발하고, 결국 그 상대방이 원하는 것이 무엇인지 아는 것이 가장 중요하다. 그리고 나서 그 상대방이 원하는 것을 내 입으로 말해 주는 것이 바로 설득의 마무리이다.

처음 D 팀장이 퇴사 의사를 밝혔을 때 그를 잡을 수 있었던 것은,

그가 더 큰물에서 놀고 싶어 하고, 또 일하는 것에 대해 정당한 대우를 받고 싶어 할 것이라고 생각해 그가 그것을 말하기 전에 내가 먼저 그런 제안을 했었던 것이 주효했다.

상대방으로 하여금 원하는 것을 먼저 말해 보라고 하는 것은 사람을 약간 맥 빠지게 만드는 것이다. 간절하다면 상대가 말하지 않아도 알아서 챙겨서 한다. 내가 고객사의 컴플레인을 잘 해결할 수 있었던 것은 그 고객사가 원하는 것이 회사의 매출 신장이었기 때문이다. 나는 고객사에게 목표 매출을 달성할 수 있게 해 주겠다고 제안하면서, 그 대신 고객사 마케팅 예산의 증액을 요구했다. 그러면 여지없이 마케팅 예산은 두 배로 증액되었고, 고객사의 매출도 급신장했다.

설득을 하려면 사장이 평소 신뢰 있는 모습을 보여 주어야 한다. 직원들이 사장을 신뢰하는 이유는 사장이 월급을 주기 때문이 아니다. 사장이 회사를 운영하면서 보여 주는 열정에서 그 신뢰감을 느끼는 것이다. 사장이 직원들에게 신뢰를 받지 못하면 사장의 설득력은 떨어진다.

사장이 직원들을 잘 이끌고 설득해 나가려면 항상 먼저 베풀고 더 주려고 해야 한다. 세상의 이치는 참으로 이상해서 더 베풀고 더 주는 사람이 결국 더 많이 가져간다. 오히려 더 가지고자 하면 더 잃는다. 그래서 나의 경우 사람들에게 많이 주려고 했지만, 되돌아보면 늘 내가 받은 것이 더 많았다.

그리고 직원들을 설득하려면 직원들보다 더 많이 업무에 대해 알고 있거나 성과를 가지고 있어야 한다. 소위 '짬밥'이라고 하는데, 이런 업무적인 성과가 있으면 직원들을 보다 더 쉽게 컨트롤할 수 있다. 따라서 사장이 직원보다 실력이 부족한 경우에는 두세 배의 노력이 필요하다.

설득의 하수는 필요할 때만 나타나고 관계도 단기간으로 맺는다. 나도 이 사실을 깨닫고 나서는 직원들과 고객사들을 진심으로 대하려고 애썼다. 그럼에도 물론 말처럼 쉽지 않을 때도 많았다. 만일 내가 설득의 명수가 되었더라도 지금보다 훨씬 더 큰 회사를 만들었을 것이다.

부정적인 말을 옮기는 직원은 바이러스다

　기업을 하면서 사장들이 정말 조심해야 할 무서운 유형의 직원이 있다. 바로 부정적인 말을 옮기는 직원이다.
　과거 경기도에서 회사를 운영할 때 디자인팀을 맡길 팀장을 뽑은 적이 있었다. 당시 웹디자인 팀장이 입사하기 전에 가지고 온 포트폴리오상의 디자인 실적들이 매우 탁월했기에 나는 새로운 디자인 팀장을 잘 뽑았다는 생각을 했고, 매출 신장에 도움이 되리라는 희망으로 가득 차 있었다.
　하지만 팀장이 입사한 후 몇 개월이 지나자 디자인팀의 팀원들이 갑자기 하나둘씩 사표를 쓰기 시작했다. 이유는 새로 온 팀장이 자신들에게 일을 너무 많이 맡긴다는 것이었다. 그래서 알아보니 디자인 팀장은 모든 업무를 팀원들에게만 하도록 지시하고, 도통 자신이 직접 디자인을 하려고 하질 않았다. 그래서 디자인 팀장을 불러 문제점에 대해서 경고를 했다.

그런데 그 이후로 회사 내에 이상한 소문이 돌기 시작했다. 근원지를 알고 보니 바로 그 디자인 팀장이었다. 그는 "서울에 가면 돈을 더 받는다" "회사가 너무 작다" 하는 불평을 회사 내에 퍼뜨리고 있었다. 나는 그 팀장을 결국 권고사직시켰다.

옛 속담에 '발 없는 말이 천리를 간다'고 했다. 특히 부정적인 말은 그 전파력이 엄청나다. 회사를 운영하다가 보면 반드시 이런 일이 생길 것이다. 그러므로 회사 내에 이렇게 부정적인 말을 만들어 내고 퍼트리는 직원을 잘 관리해야 한다.

그들은 회사 내에 숨은 트로이 목마 같은 존재다. 자신이 회사로부터 대우나 인정을 받고 있다고 생각할 때는 별 문제가 없지만, 뭔가 불만을 유발하는 포인트가 생기면 그들은 과감히 조직을 망가뜨린다. 말을 옮기는 직원의 문제는 열심히 일하려고 하는 사람들의 의욕을 떨어뜨리는 데에 있다.

거의 모든 정보와 의사 전달은 언어를 매개체로 한다. 말을 옮기는 사람들은 이러한 언어의 위력을 잘 알고 있고, 자신이 퍼트린 말로 상대방이 힘들어하는 상황을 즐긴다. 한마디의 흠집만으로 상대를 무너뜨릴 줄 아는 것이다.

보스니아와 세르비아가 내전을 벌이면서 그들은 서로에게 살인과 강간 등 온갖 나쁜 짓을 자행했다. 과실 수준은 거의 비슷했다. 하지만 세르비아 대통령은 PR에 무지했던 반면에 보스니아 대통령은 그 중요성을 파악해 미국의 광고대행사인 루더핀사와 계약을 맺었다.

당시 루더핀사가 한 일은 미국의 여론을 움직이는 것이었다. 유태인 여론을 움직이면 미국의 여론이 들끓을 것이 분명했기에 루더핀사는 먼저 유태인들의 주의를 환기시킬 필요가 있다고 판단했다.

이에 루더핀사는 세르비아의 대통령을 나치로, 세르비아의 교도소를 강제수용소로 표현했다. 그러고도 여론이 움직이지 않자 루더핀사는 세르비아 대통령이 치르는 전쟁을 '인종 청소'라고 표현했다. 이 인종 청소란 단어가 유태인들의 마음을 움직였다. 결국 루더핀사의 이 한마디에 미국과 전 유럽이 들고일어나서 보스니아를 지원하자 전쟁은 순식간에 끝나 버렸다. 말이란 이렇게 무서운 것이다.

일본 속담에는 '한 마디의 친절한 말이 한겨울의 추위도 물러나게 한다'는 말이 있다. 기업마다 저마다의 문화가 있다. 그 기업 문화를 지켜 나가기 위해서는 직원 한 사람 한 사람의 마음이 하나로 모아져야 한다. 그런데 직원들의 마음은 건물 외벽을 감싼 유리창과 같아서 누군가가 그 창문 하나를 금이 가도록 했을 때 그것을 방치하게 되면, 조만간 그 건물 전체의 유리창이 깨지고 만다. 조직 내 어느 한 군데서 불협화음이 나오는 것도 이와 마찬가지다. 절대 그대로 방치하면 안 된다.

근거 없이 회사를 흠집 내는 직원은 바로 정리해야 한다. 한번은 입사한 지 채 1년이 되지 않은 A 팀장이 팀원들에게 "이 회사는 크리스마스인데 케이크 하나도 안 주느냐?"며 볼멘소리를 했다. 그런 말이 들려와서 A 팀장을 좀 더 관찰해 보니 팀원들과 회의할 때나 사적인 대화를 하는 중에 그게 되겠느냐 등 어차피 우리 팀은 못한다는 등 부정적인 언어를 통해서 팀원들의 사기를 저하시키는 경우가 많았다. 그래서 A 팀장을 내 방으로 불렀다. 그러자 A 팀장은 어차피 안 될 것은 하지 말고 될 것만 하자는 의도였다고 변명했다.

하지만 중소기업에서의 업무는 일단 추진하고 봐야 한다. 된다는 보장을 해 주면서 시작할 수 있는 일은 세상 어디에도 없다. 그 말 한마디 때문은 아니었지만, 나는 그 팀장을 과감히 정리했다.

험담은 칭찬보다 파괴력이 크다. 작은 불만은 불씨와 같다. 그 작은 불씨가 점점 커지다 보면 결국에는 회사 전체가 불타 버리는 참담한 결과가 일어날 수도 있다. 또한 회사는 마치 거대한 둑과도 같다. 험담을 하는 것은 그 회사란 둑에 조금씩 조금씩 구멍을 내는 행동이다. 그 구멍이 커지다 보면 회사와 직원들 간의 신뢰는 더 이상 유지할 수 없게 된다. 그러면 결국 회사란 둑은 무너질 수밖에 없다.

따라서 이런 경우에는 과감히 해당 직원을 정리해야 한다. 그냥 방치하고 놔두면 나중에 너무나 많은 비용을 감내해야 한다.

"크리스마스인데 케이크 하나 안 주느냐?"는 말은 어쩌면 아무것도 아닐 수 있다. 그래서 설령 그 말을 들었다 하더라도 "아, 그러네" 하고 대다수의 직원들은 그냥 넘어갈 것이다. 그런데 문제는 케이크 하나에 대한 문제로 그치는 것이 아니라는 데 있다. 그것으로 인해 사장은 직원들에 대한 배려심도 없는 사람이라는 이미지가 생길 것이고, 회사는 직원 복지를 위해 2~3만 원 하는 케이크도 주지 못할 만큼 재정적으로 어려운 것은 아닌지 의심이 생길 수 있는 여지를 만들어 주는 것이다. 또한 동료들의 근로 의욕을 완전히 꺾어 버릴 수도 있다.

이 말은 사장에게 불만을 가진 직원을 바로 정리하라는 의미가 결코 아니다. 불만을 가진 직원이 위험하고 나쁘다는 의미가 아니라, 그 불만을 어떻게 표현하는가에 포인트를 두어 판단해야 한다는 것이다.

자신의 섭섭함이든 직원들의 사기 진작을 위해서든 케이크가 필요했다면 상사나 사장인 내게 직접적으로 건의하면 되는 일이었다. 그러면 오히려 그 불만은 더 좋은 역할을 했을 것이다. 그러지 않고 별다른 대안이나 의견 제시도 없이 불만만을 계속 토로한다면 그것은 결국 불만을 위한 불만에 그치게 된다.

이러한 사람은 늘 부정적인 시선으로 세상을 곡해해서 본다. 비즈니스 전쟁터에서 성공을 하려면 팀은 마치 한 몸처럼 일사분란하게 움직여야 한다. 부정적인 의견이 팀 내에서 나오기 시작하면 그 팀의 단합을 기대하기란 정말 어렵다. 업무를 시작하기도 전에 안 된다는 부정적인 기조가 이미 팀 내에 흐르기 때문이다.

하지만 제대로 된 리더라면 이런 직원들조차 챙길 수 있어야 한다. 부정적인 의견이 꼭 회사나 대표를 향한 불만이 아닐 수도 있다. 따라서 직원의 부정적인 의견의 근본을 알아야 한다. 왜 그가 그런 생각을 하게 되었는지 알고 대처해야 하는 것이다.

　독일의 인지이론가인 슈바르츠는 긍정적 생각과 부정적 생각의 비율이 사람의 기분 상태를 결정한다고 주장했다. 우울증은 부정적 생각이 압도적으로 많은 상태이고, 조증의 경우는 그와 반대로 긍정적 생각이 많은 상태다. 긍정적 생각은 의욕과 활기를 불어넣어 주는 삶의 추진기와 같은 역할을 하고, 부정적 생각은 제동기의 역할을 한다고 볼 수 있다. 건강한 사람은 추진기와 제동기를 모두 구비하고 적절하게 사용하는 사람이라고 할 수 있다.

　회사도 마찬가지라고 본다. 회사의 방침이나 사장의 의견만을 무조건적으로 따른다고 해서 그 회사가 성공할 수 있다고 생각하는 사람은 아무도 없을 것이다. 누군가 문제를 공식적으로 제기했을 때, 회사나 사장의 부족한 부분을 냉정하게 바라볼 줄 알아야 회사가 발전한다.

　회사에 대해 불만을 제기하는 것은 충성심의 유무와는 약간 다르다. 오히려 회사에 대해 걱정된 마음으로 불만을 내뱉는 경우도 있기 때문이다. 다만 회사에 대해 공공연히 험담을 하고 다니고 그 말이 사장의 귀에까지 들린다면, 약간의 문제가 있다. 험담은 그 사람의 습관이며, 예의 없음을 뜻한다.

문제는 타이밍이다

돈 버는 시스템을
만들어라

회사는 아이템을 상품으로 만들어 돈을 번다. 그 아이템을 제조, 관리, 판매하는 등 일련의 일은 이제 정형화되고, 이러한 루틴화된 일들은 곧 하나의 시스템이 된다. 이 시스템을 잘 만들면 그게 곧 사업의 성공을 의미한다. 그리고 이러한 시스템의 차이가 사업 규모를 결정 짓는다.

동네 슈퍼와 대형마트는 똑같은 물건을 판다. 다만, 대형마트는 다양한 상품 공급업자들을 통해 유명 상품들을 입고시키고, 물류 시스템을 만들고, 규모를 키움으로써 규모의 경제를 비즈니스에 실현하지만, 동네 슈퍼는 혼자서 분주한 경우가 많다. 또 어떤 사람은 혼자서 소규모로 동네 커피숍을 운영하기도 하고, 또 어떤 사람은 커피숍 규모를 전국으로 확장시켜 프랜차이즈 커피숍을 만들기도 한다. 두 사업의 차이는 돈을 버는 구조를 만들어 정형화시키고 구체화시킨 것의 유무. 대기업일수록 이런 시스템이 잘 되어 있다. 따라서 각 부서별로 매출을 신장시키기 위해 해야 할 일들이 명확하다.

모든 사업은 시스템을 어떻게 만드느냐에 따라서 캐시카우가 되기도 하고, 사장으로 하여금 24시간 내내 그 일에 얽매이게 만들기도 한다.

아무리 간단해 보이는 사업이라도 처음 시스템을 만들 때는 귀찮고 복잡하다. 하지만 한번 그 시스템을 만들어 놓으면 마치 무인 자동차와 같이 운영된다. 운전자가 없더라도 스스로 굴러간다는 뜻이다. 시스템화된 노하우를 판매하는 것이 프랜차이즈다. 프랜차이즈는 소비자들이 즐겨 먹는 메뉴 레시피를 개발하고, 사람들이 좋아하는 콘셉트의 인테리어를 만들며, 매장 운영 노하우를 알려 줌으로써 가맹점주들에게서 돈을 받는다. 시스템을 효율적으로 만드는 것만으로도 돈을 벌 수가 있다.

회사의 시스템은 크게 운영의 시스템화와 관리의 시스템화 그리고 업무의 시스템화로 나눌 수 있다. 우리 회사와 같은 경우 시스템을 다음과 같이 만들었다.

일단 업무 시스템의 경우, 영업팀은 고객사를 발굴해 그들에게 핵심 상품을 제안하고, 그 제안이 계약으로 이어지도록 했으며, 온라인 매체관리팀에서는 다양한 온라인 매체들을 발굴해 그들에게 새로운 상품들을 제안하였다. 그리고 영업사원들은 거래처를 관리하고, 매체와 광고상품은 매체관리팀에서 관리를 하게 했다. 또한 반대로 영업사원이 고객사로부터 그들의 요구사항을 전달받으면 그는 고객사에 필요한 광고상품을 매체관리팀에 요청하고, 매체관리팀은 그것을 상품개발팀에 전달, 기존 상품을 변형하거나 새로운 상품을 개발해 영업사원으로 하여금 고객사에 제안할 수 있도록 제공했다.

그리고 관리 시스템은 회사 내 인트라넷 시스템을 통해 각 부서별, 직급별로 정보 공개의 권한을 다르게 부여하고, 그에 맞게 정보를 오픈했다. 그리고 인트라넷에 등록된 정보는 고객사에 관련된 정보와 현재 회사에서 사용 중인 각종 온라인 상품 정보뿐만 아니라, 각 부서에서 입찰 참가 시 제출했던 제안서 내용이나 보고서를 등록해, 직원들이 공유하도록 했다. 또한 공유된 정보를 활용하여 광고주들에게 각종 광고 상품들을 골라 24시간 제안이 가능하도록 회사 내 각종 서류들을 오픈했다.

마지막으로 운영 시스템의 경우, 크리에이티브가 필요한 부분이나 규모가 큰 부분은 별도의 캠페인팀을 두어 그 팀에서 컨트롤하도록 했으며, 고객이 마케팅 의뢰를 해 오면 이러한 일들은 회사 내에서 자연스럽게 진행될 수 있도록 만들었다. 그리고 내부 직원들의 업무 효율을 높이기 위해서 최대한 외부업체를 통해 디자인 제작을 아웃소싱하도록 하였다.

직원들마다 각자 할 일들이 있고 비즈니스는 분초를 다투면서 바쁘게 흘러간다. 광고주들은 광고대행사가 바쁘다고 해서 자신들 회사의 마케팅 마감 시간을 기다려 주지 않는다. 그 마감 시간에 광고대행사가 맞춰 나가야 한다. 그래서 직원들은 광고주 계약을 위해 수시로 모여서 기획회의를 했다. 그러다 한 기획안이 광고주에게 채택되면, 이제 매달 그 광고주에게 새로운 이벤트와 상품을 제안할 수 있게 된다. 그러면 광고대행사는 그에 따른 수수료를 받는다.

이러한 일련의 프로세스를 시스템으로 만들려면 각 프로세스의 업무를 처리할 직원을 배치하면 된다. 그리고 각자의 업무량을 체크하고 그 업무량의 범위에 맞게 직원의 권한을 만들어 놓는다. 이러한 업무 플로우에 맞는 시스템을 만들어 놓으면 고객들에게 효율적으로 다양한 광고를 제안할 수 있다. 그렇게 되면 이제 고객을 둘러싼 하나의 광고 진행 프로세스가 만들어지게 된다.

그런데 마케팅을 단 한 번만 진행하는 고객은 없다. 보통 마케팅을 기획한 회사들은 짧게는 6개월에서 1년 단위로 매년 계약을 갱신하면서 광고를 이어 나간다. 디지털 마케팅은 온라인을 통해서 매일, 매주 바로바로 효과가 집계된다. 따라서 광고를 한번 집행하면, 그 효과 때문에 접기가 어렵다. 물론 마케팅을 진행하지 않는 기업과의 효율성 면에서도 엄청나게 차이가 난다.

매출액이 커지고 직원 수도 점점 늘어나고 사무실도 넓은 곳으로 이전하게 되면 회사가 커졌다라는 것을 실감한다. 그런데 규모가 커졌다고 해서 모두 좋은 것만은 아니다. 회사가 작았을 당시 그 규모에 맞는 시스템이 효과적으로 작동되었기에 회사가 이만큼 성장해 온 것인데, 회사가 커진 지금에서는 오히려 그 시스템이 걸림돌로 작용할 수 있기 때문이다. 따라서 회사 규모에 맞춰서 시스템을 변경시켜야 한다.

누군가는 아침에 일어나면 매번 사냥을 나가서 고기를 잡아야만 겨우 먹고살지만, 또 누군가는 소와 닭을 키워서 매일 아침 신선한 우유와 계란을 먹으며 편하게 산다.

회사를 표준화시키고 업무를 정형화시키는 일은 결코 쉽지 않지만, 일단 한번 만들어 놓으면 이제 매달 숫자만 확인하면 된다. 아울러 이러한 돈 버는 시스템을 만드는 비용이 과거와 달리 지금은 직원 한 명당 1,000원 정도로 저렴하다. 또한 인트라넷 시스템을 제공하는 아웃소싱 업체들이 많이 있으며, 인트라넷에는 이메일과 전자결제, 사내 메신저 등 경영관리에 도움을 주는 다양한 프로그램들이 기본으로 제공된다. 이런 IT 툴들을 잘 활용하면 회사의 경영 효율을 높이고 업무를 시스템화시키는 데도 큰 도움이 된다.

사업의 터닝 포인트, 그 결정적 순간

누구나 삶의 터닝 포인트가 있다. 나의 경우는 사업을 하기로 결정한 순간이 내 삶의 첫 번째 터닝 포인트였다.

사업을 시작했을 때가 2002년 월드컵 당시였다. 그전까지 나는 외국계 컴퓨터 회사에서 IT 컨설턴트로 근무했었다. 당시에는 드문 주 5일 근무에다 회사 업무도 손에 익어서 편한 시기였기에 그냥 회사에 근무하더라도 전혀 문제가 없어 보였다.

하지만 동시에 당시는 인터넷으로 다양한 정보들이 쏟아져 나오고 있었던 시기라 새로운 디지털 세상이 내 눈앞에서 펼쳐지고 있었다. 난 저 멀리서 쓰나미처럼 몰려오는 정보의 바다, 그 거대한 물결을 모른 척할 수가 없었다. 앨빈 토플러의 『권력 이동』은 내가 한 10번쯤

읽은 책이었다. 그 새로운 세상의 거대한 파도가 눈앞에서 넘실거렸다. 그래서 마침내 사업을 하기로 결정했다.

그리고 두 번째 터닝 포인트는 우리가 광고회사를 해야겠다고 결정한 순간이었다. 당시는 더 생산적이고 도전적인 일을 해 보고 싶다는 생각을 하고 있었던 참이었다. 그건 인터넷으로 홈페이지를 만들고, 단순히 회원 유치를 통해 돈을 벌어들였던 사업 초기와는 다른 차원이었다.

광고회사를 생각하면서 동시에 나는 로그분석 시스템 개발을 생각했다. 당시는 우리 회사가 업계 상위 10위권에 해당하는 마케팅비를 온라인에 쏟아붓고 있을 때였다. 국내 검색광고 시스템에 CPCCost Per Click(사용자가 실제로 광고주의 사이트로 들어오게 하기 위해 광고를 클릭한 횟수 당 비용을 지불하는 형식의 광고) 개념을 런칭한 오버추어의 담당 부장이 서울 변두리에서 많은 광고비를 지불하고 있는 나를 고객 중에 한 사람으로 만나러 왔을 때, 나는 그 사업을 단번에 알아보았다. 눈앞에 돈이 보였다.

그래서 담당 부장에게 나도 광고 비즈니스를 해 보겠노라고 말했다. 어차피 디지털 광고여서 모두가 처음 경험하는 시스템이었다. 그렇게 시작한 광고 사업은 이후 웹사이트 제작과 로그분석 시스템 그리고 웹사이트 자동화 솔루션으로 이어졌다.

당시에는 로그분석 툴을 제공하는 1위 업체조차 30분이나 지연 처리되고 있었던 때였다. 나는 '왜 실시간으로 로그분석을 제공하지 않는 것일까?' 하는 생각에 빠졌다. 그건 아마도 서버의 부하 때문일 것이라고 추론하였다. 그래서 로그분석 시스템을 직접 개발하고 실시간으로 제공하는 것이 가능할 수 있을 것 같았다. 왜냐하면 우린 작은 광고대행사였으니까. 나는 광고대행사 대표들 가운데 유일한 IT 전문가였다. 그래서 언제나 경쟁사를 앞서 나갔다.

로그분석 시스템 기획안을 만들고, 그것에 따라 전산직원 한 명과 함께 우리 회사 고객만을 위한 로그분석 시스템을 출시했다. 당연히 경쟁사에서 우리 회사를 과금시키기 위해 부정클릭이 발생될 것이라고 예상을 했다. 그래서 그 아이디어를 로그분석 시스템에 적용시켜 하루 3회 이상의 클릭이 발생되면 경찰청 호돌이 마크와 함께 불법인 부정클릭에 대해 신고할 것이라는 경고 메시지가 뜨도록 만들었다. 광고주들의 반응은 폭발적이었다. 시스템을 오픈하고 나서 큰 프로젝트 경쟁입찰에서 내가 직접 수주한 광고만 하더라도 매주 한 개씩이었다. 대박이 난 것이었다.

이후 로그분석 시스템이 안착되면서 회사 매출도 기하급수적으로 늘어났다. 나는 광고를 정식으로 배우고 싶었다. 대학에서 경영과 회계를 배웠고 IT 회사에서 전산을 배웠기에 이즈음에는 대학원에 등록해 광고홍보 석사 과정을 들었다. 5명으로 시작한 직원이 30명으로 늘어난 때였다.

낮에는 회사를 경영하고 밤에는 공부를 했다. 공부를 마치고 대학원 동기들과 함께 늦은 시간까지 술잔을 기울이면서 광고에 대해, 사회에 대해 이야기꽃을 피웠다. 업계에서 소문이 나고 각종 광고 전문 잡지에 이름이 오르내리면서 우리 회사와 함께 일하고 싶다는 사람들의 문의가 쇄도했다. 그때 회사가 크게 성장했다.

세 번째 터닝 포인트는 다른 회사와의 합병을 결심하던 때였다. 디지털 마케팅 분야는 향후 크게 성장할 분야다. 트렌드가 디지털로 가고 있기에 당연히 고성장할 분야이지만 한편으로는 투자가 많이 필요한 분야이기도 하다. 하지만 더 많은 투자를 할 수 있는 여력이 내게는 없었다. 향후 대형 디지털마케팅 회사들이 생겨날 때 우리 같이 작은 회사는 당연히 도태될 것이 눈에 보였다. 나는 회사의 미래를 위해서 과감히 합병을 결정했다. 회사는 안정적으로 자리매김하고 있었지만 여기에 머문다면 더 이상의 발전은 기대하기 힘들다는 생각이 들었기 때문이다.

역사는 안정과 혁신의 연속이다. 지금의 대기업들도 모두 안정과 혁신의 단계를 거쳤다. 그 중심에서 가장 잘할 수 있는 회사를 선택했다.

영업력이 있는 인재를
찾고 뽑아라

비틀즈가 만약 브라이언 엡스타인을 만나지 못했다면 지금의 명반들은 빛을 보지 못했을 것이다. 엡스타인은 가족이 운영하는 음반가게에서 비틀즈의 음반을 찾던 고객과 이야기를 나누던 중, 가게에서 그리 멀지 않은 캐번 클럽에서 비틀즈가 공연하고 있다는 사실을 알고, 그 공연을 찾아가 보게 된다. 그리고 단번에 비틀즈의 음악에 매료된다.

그들이 잉글랜드의 한 음반사와 계약을 맺길 원하고 있지만, 아직 매니저도 없는 신인 밴드라는 사실을 알고 엡스타인은 비틀즈의 매니저가 되길 자처하였다. 이후 비틀즈는 엡스타인의 수완으로 좀 더 큰 곳에서 연주할 수 있게 된다.

그리고 지속적으로 음반사의 문을 두드린 끝에 마침내 대형 음반사인 EMI 그룹의 팔로폰 레코드사와 계약을 맺었고, 그 이후로 비틀즈는 세계적인 명성을 얻게 되었다. 엡스타인이라는 훌륭한 매니저의 적극적인 활동으로 신인 밴드 비틀즈는 세계인의 스타가 되었던 셈이다.

강소기업 사장의 업무 중 중요한 것 하나가 인재들을 활용하는 일이다. 회사 내에는 훌륭한 성과를 내는 직원들이 반드시 있다. 다만 제대로 활용하지 못할 뿐이다.

영업력이 정말 탁월한 직원 A가 있었다. 타고난 영업맨이었던 그는 고객들을 끈질기게 설득하였다. 하지만 그 끈질김 때문에 때로 그는 광고주에게서 전달받은 프로젝트를 수행하는 과정에서 타 부서 사람들에게 막말도 서슴지 않았다. 이로 인해 직원들과 갈등이 생긴 것은 물론, 그것이 부서장의 갈등으로까지 번지기도 했다. 심지어 A 때문에 사표를 쓰려는 직원도 있었다.

그는 혼자서는 단숨에 목표물을 낚아채는 사자처럼 발군의 영업력을 발휘했지만, 협업에는 문제가 있었던 것이다. 그럼에도 근무 경력이 5년차가 되어 승진을 시켜야 하는 시기가 왔을 때, 나는 그를 과장으로 진급시켰다. 하지만 그의 밑에는 팀원을 두질 않았다. A 과장은 지금도 혼자서 영업을 잘하고 있다.

대기업이라면 이런 직원은 정리 대상일지도 모른다. 하지만 중소기업이라면 이렇게 홀로 영업을 하는 인재들도 필요하다. 실적이 탁월하게 높은 영업사원의 경우, 같은 부서뿐만 아니라 타 부서 직원들과도 종종 갈등을 일으키곤 한다. 실적이 높은 것은 그만큼 거래처가 많다는 것이고, 각 거래처별로 요구 사항도 매우 많다는 것을 의미한다. 그러다 보니 기한 내에 처리해야 할 업무가 다른 직원들에 비해 많다. 그래서 부서원들과 업무 조율을 하는 와중에 너무 자기주장을 앞세우다 보니 많은 갈등을 야기하는 것이다. 그런 직원들을 끌어안는 것은 사장의 소임이다.

옛날 드라마를 보다 보면 구두닦이가 나온다. 구두닦이의 종류도 두 가지로 나눌 수 있는데, 하나는 찍새이고, 또 하나는 딱새다. 국어사전에는 닦을 구두를 모아서 구두닦이에게 가져다주는 일만 하는 사람을 속되게 찍새라 하고, 구두를 닦기만 하는 사람을 딱새라 한다고 나와 있다. 딱새가 아무리 구두를 잘 닦는다 해도 찍새가 구두를 가져다주지 않으면 아무런 소용이 없다. 그러나 딱새가 구두를 잘 닦지 못해도 찍새가 끊임없이 새로운 고객들의 구두를 가져다준다면 먹고살 수가 있다. 그만큼 찍새의 역할이 매우 중요하다. 중소기업에서는 특히 더 그렇다.

동물의 왕국에서 보던 사바나의 초원이 직장 내에서도 그대로 구현된다. 회사 내 파워에 따라서 초식동물들과 육식동물로 나뉘는데, 신입사원들과 관리직원들은 초식동물이다. 이들은 늘 주위를 신경 쓰면서 업무 처리를 한다. 업무상 실수는 곧 질책으로 이어지기에 최선을 다한다. 반면에 팀장이나 부장급 사원들은 사자나 표범 같은 육식동물이다. 이들은 맹수 같은 용맹함으로 직원들을 진두지휘한다.

영업사원들 또한 육식동물로 표현될 수 있다. 이들은 매일 고객 사냥을 나간다. 그 고객들을 상대하다가 마음에 깊은 상처를 입기도 하지만, 절대로 뒤로 물러서지 않고 끊임없이 재시도를 해 그 시도가 결국에는 계약으로 이루어지도록 만든다.

흔히 뛰어난 영업사원을 가리켜 우스갯소리로 '북극에서 에스키모인들에게도 냉장고를 팔 수 있고, 아프리카 사막에서도 난로를 팔 수 있는 사람이다'라는 말이 있다. 사원의 능력에 따라 제품을 판매할 수도, 판매하지 못할 수도 있다는 것이다. 즉 상품은 실제로 좋아서도 팔리지만, 표면상 정말 좋은 것처럼 포장하는 영업사원 때문에 상품이 팔린다고도 볼 수 있는 것이다.

그런데 이들 중 일부는 이런 용맹함을 가끔 회사 내에서 드러내기도 한다. 직원들의 불만이 나올 수밖에 없다. 하지만 사장은 회사의 매출 상승을 위해서라면 강력한 영업력을 가진 영업사원의 이런 행동에 대한 직원들 불만의 목소리도 잠재울 줄 알아야 한다.

영업력을 증강시키기 위해서는 영업사원을 우대해야 한다. 찍새와 딱새의 비유를 통해 해학적으로 표현했지만, 영업력은 곧 회사의 매출로 귀결되기 때문이다. 강력한 영업력은 강한 무기에서 나온다. 영업을 활성화시키려면 타 회사와는 차별화된 무기를 영업사원의 손에 쥐어 주어야 한다.

회사의 무기는 차별화된 상품이다. 그리고 영업사원은 그 상품에 대해서 누구보다도 깊이 이해하고 있어야 한다. 상품에 대한 깊은 지식이야말로 고객을 현장에서 직접 응대하는 영업사원들의 가장 강력한 무기이다.

　이러한 무기는 지속적인 교육을 통해서 함양될 수 있다. 그러므로 영업사원을 대상으로 한 신상품에 대한 정기적인 교육이 필요하다. 회사의 이익과 직결되는 영업에 대한 교육과 정책을 만들고 영업 마인드를 고취시키면 어느 순간 매출이 급상승하는 것을 보게 될 것이다.

　현직 헤드헌터로 일하는 분에게서 들은 이야기로는 요즈음 기업들이 찾는 인재는 현장에 바로 투입이 가능하고, 그 즉시 회사에 돈을 벌어다 줄 수 있는 사람이라고 한다. 중소기업도 아닌, 대기업에서 원하는 인재상이다. 그만큼 비즈니스 현장이 긴박하게 돌아가고 있다는 의미다.

중소기업에는
독한 리더십이 필요하다

미국의 심리학자 리피트와 화이트는 리더십의 유형을 3가지로 나누었다.

지도자가 조직의 의사나 정책을 독단적으로 결정하고 구성원들이 그것을 일방적으로 따라오게 하는 권위적인 리더십과 조직 구성원을 의사 결정에 참여시키는 민주적 리더십, 그리고 지도자가 조직의 의사 결정 과정을 이끌지 않고 조직 구성원들에게 의사 결정 권한을 위임해 버리는 자유방임적 리더십이 그것이다.

나는 외국계 회사의 마케팅 부서에서 직장생활을 시작했다. 외국계 회사라면 매우 자율적일 것이라는 생각과는 달리 내가 속한 부서는 복장부터 엄격했다. 부서장의 말 한마디면 주말에도 등산을 해야 했고, 점심시간에는 무조건 상사가 좋아하는 식당으로 향해야만 했다.

그런 엄격한 모습에 질렸던 나는 이로 인해 사업을 하면서 직원들의 의견은 무조건 존중하자는 생각을 가지게 되었고, 실제로도 민주적 리더십과 비슷한 형태로 직원들을 대하려고 했다. 하지만 곧 나의 미숙함을 발견하게 되었다. 가이드라인을 디테일하게 정해 놓고 그 안에서 업무 진행을 했어야 했는데, 그렇게 하지 못했던 것이다. 기준점 없이 직원들을 모든 의사결정에 무조건 참여시키다 보니 각자의 입장에 따라 의견이 분분해지는 경우가 많았다. 이 때문에 결정은 늦어지고 이로 인해 일 또한 빠르게 진행되지 않았다.

그래서 내가 생각하기에 중소기업에서는 때로는 독하고 강한 권위적인 리더십을 내세우는 편이 좋다. 특히, 이제 직원들을 뽑아 놓고 사업을 시작하는 기업이라면 사장은 부드러운 역할을 하고, 2인자에게는 직원들을 독하게 다루는 역할을 맡기는 것이 제일 좋다. 또 경우에 따라서는 사장은 강하게, 그리고 2인자는 보듬어 주는 부드러운 역할을 하는 것도 좋다. 그렇지만 그런 역할을 해 줄 수 있는 2인자가 없다면 사장이 전부 악역을 맡아야 한다. 악역이 없는 회사는 성장하기 힘들다. 누군가는 직원들을 채찍질하며 강하게 일을 시킬 수 있어야 한다.

사업 초기에 광고주 한 분이 중고차 홈페이지 제작을 의뢰해 왔다. 이 작업을 하지 않으면 현재 우리 회사에서 진행하고 있는 모든 거래가 중단될 수도 있는 매우 중요한 거래처였다.

그래서 나는 직원들에게 그 일을 맡기려고 했지만, 그 일을 맡으면 주말에도 회사에 나와서 일을 해야 하는 상황인 것을 잘 알았기에 모든 직원이 그 일 맡는 것을 꺼렸다. 결국 프로젝트는 중단 위기에 처했다. 그때 사장인 내가 나섰다. 먼저 팀장급 직원들을 불러 왜 이 프로젝트를 꼭 해야만 하는지에 대해 설명했다. 하지만 그들은 모두 한목소리로 바쁘다는 이유를 대며 거절하였다.

그래도 난 그 프로젝트를 진행해야만 했기에 몇몇 팀장들을 끝까지 설득해 가면서 강압적으로 업무를 지시했다. 그래서 마침내 그 홈페이지를 정해진 기간 내에 만들어 냈고 광고까지 같이 수주했다. 또한 그 프로젝트는 당시 우리 회사의 외부 광고에도 등장한 간판 포트폴리오가 되었고, 그때 내 말을 믿고 버텼던 팀장들은 지금 모두 본부장이 되었다.

강한 리더십을 발휘해야 한다는 의미가 회사 내 모든 직원을 엄격하고 강하게 밀어 붙이라는 말은 아니다.

중간관리자인 팀장들에게까지 독하게 한다고 하면, 그들은 사장이 주는 스트레스를 견뎌 내지 못할 것이다. 그러므로 그들에게는 오히려 더 부드럽게 대하라. 그들은 사장이 사무실에 나타나는 것만으로도 충분히 긴장한다. 아직 사장의 무게를 견뎌 낼 만한 내공이 없기 때문이다. 따라서 사장의 독한 리더십이 평직원들에게까지 미친다면 그건 문제가 있다.

독한 리더십은 부장급 이상의 간부사원들에게만 적용할 것을 추천한다. 그들을 제대로 교육시키고 그들에게 동기부여를 하면 된다. 그것만으로도 회사의 동기부여는 충분하다. 회사의 어려운 고충도 본부장급들과 나누는 것이 좋다. 사장의 고민이나 질책도 본부장들 선을 넘지 않는 것이 좋다.

사장의 고민을 평직원들이 듣는다고 그들이 그것에 공감한다고 생각하지 마라. 그들에게는 그것이 오히려 보다 안정된 회사를 찾는 핑곗거리만을 줄 뿐이다. 큰 계약 수주와 같이 좋은 일은 말단직원과도 같이 나누되, 회사 경영에 어려움을 주는 부분은 간부급 사원들과 공유하면 된다.

사장은 회사의 리더이고, 리더의 책무는 결정을 내리는 일이다. 강경하고 엄격한 리더십의 대표 주자를 꼽으라면 단연 GE의 전 CEO였던 잭 웰치를 들 수 있다. 그는 "좋은 기업 분위기가 기업의 생존을 장담할 수 없다"는 신념을 가진 사람이었다. 그래서 잭은 효율성을 강조하는 사내 정책을 펴며 대량 해고도 서슴지 않았다. 그에게는 '경영의 달인'이라는 별칭이 붙었다.

이에 비해 미국의 비즈니스 분석 소프트웨어 및 서비스업체인 SAS의 짐 굿나잇 회장은 잭 웰치와는 반대의 스타일을 보여 주었다. 그는 한 언론 인터뷰에서 "직원이 일을 못하고 업무 능력이 부족하다면 인사 담당자가 해당 직원에게 업무 능력 향상을 요구한다. 그리고 그 업무 능력을 향상시킬 수 있도록 그 직원을 90일간 트레이닝시킨다. 하지만 그 기간이 지난 뒤에도 만약 직원의 능력이 향상되지 않으면 그가 능력을 가장 잘 발휘할 수 있는 부서로 이동시켜 근무하게 한다"라고 말한 적이 있다.

개인적으로는 짐 굿나잇의 스타일을 선호한다. 하지만 그러기 위해서는 현실적으로 90일, 즉 약 3개월간의 급여를 부담할 수 있는 재정적인 여건이 필요하고, 직원이 능력을 발휘할 수 있는 다양한 부서가 존재해야만 한다. 그렇다고 결코 잭 웰치처럼 직원을 마구 해고하라는 의미가 아니다. 회사의 규모와 상황에 따라 가장 효율적이고 적절한 리더십이 필요하다.

직원들을 한가롭게 두면 안 되는 이유

　사장이라면 직원들을 한가롭게 두지 마라. 이는 직원들을 거세게 몰아쳐서 성과를 올리게 하라는 뜻이 아니다. 직원들에게 야근을 억지로 시키라는 의미도 아니다. 단지 근무시간에는 직원들이 자신들의 업무에 집중하도록 분위기를 조성해야 한다는 의미이다.

　만약 직원이 할 일이 없다고 하면 새로운 일을 찾아서라도 시키는 편이 좋다. '일이 들어오면 그때부터 시키면 되지'라고 생각한다면 큰 오산이다. 일이 바빠지면 한가했던 직원부터 회사를 떠난다. 그건 그 직원의 자질이 부족해서도, 성격이 나빠서도 아니다. 단지 그 직원은 이미 한가로운 직장 환경에 적응했을 뿐이다. 또한 그렇게 퇴사하는 직원은 나가면서 주변에 불만을 토로하기 때문에 우수 직원도 같이 떠날 가능성이 많다.

　유능한 직원을 삼고초려 끝에 채용했는데, 그 직원이 나가면 회사로서도 큰 손실이 아닐 수 없다. 이런 일을 방지하는 것도 직원들이 한가함에 젖지 않도록 관리해야 이유 중 하나다.

　사람은 환경에 적응하는 동물이다. 특히 편안한 환경에는 금방 적응한다. 오전에 출근해 카페에 가서 커피 한잔을 사 들고 오면 벌써 10시. 그때부터 잠깐 업무를 보다가 점심시간이 가까워 오면 옆 동료와 오늘은 뭘 먹을지 고민한다. 붐빈다는 이유로 점심시간보다 조금 이르게 나가 식사를 하고 나서 오후 업무를 시작한다. 그리고 6시가 되면 가방을 매고 자리에서 일어난다.

　직원 입장에서는 대기업보다 급여가 적지만, 그래도 한가로우니까 그런대로 만족한다. 실제 중소기업 직원들 가운데에서는 급여가 낮음에도 일이 많지 않아서 그냥 회사를 다닌다는 사람들이 의외로 많다. 그런데 갑자기 새로운 프로젝트나 계약 건이 생겨서 업무가 물밀듯이 밀려 들어오기 시작하면 그제야 자신의 업무에 대해 확인하고, 그동안 하지 않았던 야근을 하려니 덜컥 겁이 날 수밖에 없다.

　이런 상태에서 사장이 아무 생각 없이 직원들에게 갑작스레 업무폭탄을 주면 직원들은 단체 사표를 쓰고 사라진다. 그러면 어느 날 빈 책상만이 당신을 맞이하게 될 것이다.

　일을 두려워하는 사람들 중에는 실은 자신이 무슨 일을 해야 하는지 잘 모르는 경우가 많다. 신입사원 시절에 힘들지만 많은 일을 해 본 경험이 있어야 나중에 일을 맡게 되더라도 두려워하지 않는다. 일은 신입사원 시절에 배우는 것이다. 그 기간이 보통 2~3년이다. 전담 선배(흔히들 '사수'라고 한다)가 있는 신입사원 시절은 어찌 보면 행운이라 할 수 있다. 대리를 달고 나면 신입사원 때보다 더 일을 배우기가 쉽지 않다. 대리급은 일을 가다듬는 시기다. 문제는 그 기간이 그리 길지 않다는 데 있다.

그 시기에 업무를 제대로 배우지 못한 채 다른 회사로 전직하거나 연차가 쌓여 부서의 책임자가 되는 사람들이 있다. 문제는 이때 발생한다. 신입사원 때 일을 제대로 배우지 못했기에 한창 비즈니스 감각을 키워 나가야 하는 이 시기에 문제가 생기는 것이다.

그러므로 특히 신입사원을 채용하면 설령 당장 실무에 투입해 시킬 일이 없다고 해도 절대로 한가로이 놀리지 마라. 신입사원을 한직에 두게 되면 이후 그 직원의 직장생활은 꼬이게 된다는 사실을 명심해라. 학교를 제외하고 사회생활을 하면서 무언가를 배울 수 있는 시간은 그리 길지 않다. 만약 지금 신입사원이 한직에 있다면 스스로 일을 찾아서 할 수 있도록 독려하라. 한창 일할 시기에 바쁘지 않으면 나이 들어 바빠질 수밖에 없는 것이 인생이다. 사장이 나서서 직원들이 시간 관리를 해야 하는 이유를 설명하라. 힘을 써야 힘이 늘듯이, 일을 해야 업무 처리 능력도 점차 향상된다.

중요한 판단은
직원에게 맡기지 마라

회사 시스템이 안정화되어 가고 있었던 시기에 벌어졌던 일이다. 나는 그때 회사를 위한 획기적인 광고 관련 솔루션 개발을 준비하고 있었다.

그런데 그때 마침 전산팀장이 개인적으로 아는 사장에게서 쇼핑몰 제작 의뢰를 받아 왔다. 나는 전산팀장에게 솔루션 개발에 시간이 상당히 소요되므로 이번에는 외부의 솔루션을 사용하여 쇼핑몰을 제작하자고 했다. 하지만 전산팀장은 쇼핑몰 솔루션을 우리 회사에서 개발해 공급하는 것이 좋겠으며, 만약 그렇게 하지 않는다고 하면 자신은 그 프로젝트를 진행하지 않겠다는 의견을 피력했다. 나는 당장의 매출이 눈에 보였기에 고민 끝에 그렇게 하자고 했다.

전산팀장은 자신이 직접 데이터베이스를 설계하고 코딩해 쇼핑몰을 만들었다. 하지만 그 프로젝트를 수행하기까지 무려 4개월이나 걸렸고, 그 이후 수정에도 많은 시간이 들어갔다. 결과적으로 2,000만 원에 수주한 그 쇼핑몰 제작 프로젝트는 남은 수익이 하나도 없게 되었다. 프로그래머 2명이 추가적으로 투입돼 인건비가 예상보다 많이 늘어났기 때문이었다. 무엇보다 가장 큰 손해는 다른 것들을 할 많은 기회들을 잃어버렸다는 점이었다. 만약 시간을 되돌릴 수만 있다면, 나는 절대 그 프로젝트를 진행하지 않았을 것이다.

그런데 왜 전산팀장은 그때 개발을 하고 싶다고 했을까? 우리 회사는 쇼핑몰 개발을 할 생각도 없었기에 그건 일회성으로 끝날 수 있었던 일이었다. 하지만 전산팀장 입장에서는 그 작업이 자신의 이력서에 한 줄 경력으로 들어갈 수 있는 좋은 기회였던 것이다.

잊지 말기 바란다. 회사의 이익 유무를 떠나서 직원들은 자신들에게 유리한 방향으로 의사 결정하기를 고집하는 경우가 있다는 것을 말이다. 모든 비즈니스에는 황금 타이밍이 있다. 배가 바다로 나가기 위해서는 바닷물이 밀려 들어오는 때를 놓치면 안 되듯이, 비즈니스에서도 어떤 일은 꼭 그때가 아니면 안 되는 시기가 있다는 뜻이다. 그때는 사업을 시작한 지 얼마 되지 않아 그 사실을 잘 몰랐었다.

국내 굴지의 대기업에서 해외 광고의 입찰 제안을 해 온 적이 있었다. 당시는 해외마케팅 사업부의 역량을 키우고자 하였으나 관련 경력 직원들을 충원하는 데 어려움이 많던 시기였다. 그래서 기존 직원들이 실무를 하면서 갓 입사한 신입사원 두 명에게 업무를 가르쳐야 하는 상황이라, 입찰 제안서를 쓸 여력이 없었다. 그럼에도 나는 이번 계약이 성사된다면 해외마케팅 사업부가 성장하는 데 매우 좋은 기회가 될 것이라는 확신이 있었기에 꼭 입찰에 뛰어들고 싶었다.

그래서 일단 해당 부서의 본부장과 입찰 제안서 작업에 대한 회의를 했다. 본부장은 역시나 현재 제안서 작업을 할 인력이 없다고 하면서 이번 입찰 자체를 반대했다. 그래서 나는 본부장에게 만약 입찰에 참가해 계약을 따내기만 하면 그 이후의 업무 진행은 가능한지를 물었고, 본부장은 그건 가능하다고 했다.

이에 나는 본부장의 반대에도 불구하고 외부 인력을 활용해 입찰에 참가했다. 결과적으로 그 계약은 성사되었고, 그것을 계기로 해외사업부는 매우 빠르게 성장했다.

신규 사업이나 거래처와의 새로운 계약 등 리스크가 높은 일에 대한 결정은 사업을 하는 내내 끊임없이 반복해서 사장의 책상 위로 올라온다. 회사 규모가 작고 직원이 적다고 그 결정이 많은 것도 아니고, 회사 규모가 커지고 직원이 많아졌다고 해서 사장이 결정해야 할 것들이 줄어드는 것도 아니다.

가끔 사장은 혼자 차분히 결정을 위한 시간을 가져야 한다. 자신의 감각과 판단을 믿고 스스로에게 용기를 주는 자기 확신이 필요하다. 물론 직원들의 의견은 존중되어야 하지만, 사장이 확신을 가지고 결정한 사안에 관해서는 자신의 판단을 믿어야 한다.

회사를 운영함에 있어서 선택은 언제나 사장의 몫이다. 그 무게감을 알기에 성공한 사장에게 사회가 박수를 아끼지 않는 것이다.

항상 준비되어
있어야 한다

노무를 모르면 구속될 수 있다

대부분의 회사는 규모가 작더라도 철저한 돈 관리를 위해 경리직원 한두 명은 둔다. 그리고 전문적인 회계 및 세무 업무는 세무사 사무실에 위탁하기도 한다. 그런데 보통 직원들의 근로와 임금 등에 관련된 노무 업무에는 별다른 관심을 쏟지 않는다. 직원들의 4대 보험 취득과 상실에 대해 성실히 신고하고 급여 또한 밀리지 않고 꼬박꼬박 지급하는데, 설마 무슨 일이 생기랴 하고 안일하게 생각하기 때문이다. 하지만 그와 관련된 일이 반드시 생긴다. C 사장의 경우가 그랬다.

영업직원은 회사에 소속된 근로자의 자격으로 일하는 경우도 있지만, 개인사업자로 활동하는 경우도 있다.

D 회사 소속이었지만, 프리랜서 개념으로 영업을 하던 A는 실 수령

액만도 월 1,000만 원이 넘었다. 반면에 비슷한 매출을 올리는 영업직원 B의 경우는 A에 비해 아주 적은 급여를 받았다. 문제는 A가 다른 회사와 이중으로 계약한 것이 발각되어 회사를 떠난 후에 일어났다. A가 퇴직금을 지급해 달라고 노동청에 진정서를 제출한 것이었다. 쟁점은 A와 B가 동일한 내용의 업무를 한 것으로 볼 수 있기 때문에 근로자로 인정을 받을 수 있는지 여부였다.

만약 A가 회사 소속으로 인정될 경우 회사는 A에게 1,000만 원이 넘는 별도의 퇴직금을 지불해야 하며 4대 보험료도 추가로 납부해야 하는 상황이었다. 그 외에도 세금 문제 등이 얽혀 일이 복잡해졌다. 이에 C 사장은 부랴부랴 노무사를 찾아 조정에 들어갔다. 그런데 A와 구두로만 계약하였기에 서류가 미처 제대로 구비되어 있지 않았다. 결국 C 사장은 A를 달래서 퇴직금 500만 원에 겨우 합의하였다.

급여가 밀리거나 부당한 해고 등으로 피해를 보는 선량한 근로자도 많지만, 거꾸로 퇴사한 직원이 노동청에 진정서를 제출하는 경우도 많다.

중소기업의 경우 현실적으로 직원들에게 야근수당이나 만근수당, 휴일수당 등 각종 수당을 지급하는 것이 어렵다. 그리고 근로기준법은 생산성 측정이 가능한 업무를 중심으로 만들어진 법이기 때문에 그 법을 IT 산업에 직접 적응하기에는 어려운 부분도 있다.

회사 일을 하다 보면 거래처의 요청에 의해서든지 마감일에 맞추기 위해서 부득이하게 직원들에게 야근을 시키는 경우가 있다. 대기업에서라면 이런 경우 당연히 야근수당이 따라서 나오지만, 하루하루가 전쟁터인 중소기업에서 야근수당까지 챙겨 주기란 여간 힘든 것이 아니다. 사장도, 직원들도 암묵적으로 회사의 생존을 위해서 열심히 일하기에 사실 보통 때는 그다지 잘 신경 쓰지 않는다. 하지만 직원들의 입장에서는 몇 년간 일을 하면서 야근수당을 제대로 받지 못했다고 하면서 문제를 제기할 수도 있다. 그걸 나중에 퇴사 후 노동청에 신고라도 하면 회사로서는 여간 골치 아픈 게 아니다.

또한 간혹 회사에서 알바생을 쓰는 경우도 있는데, 그 알바생을 주당 15시간 이상 근무시키게 되면 반드시 일주일에 하루는 주휴수당을 지급해야 한다. 주휴수당이란 유급휴가 1일치의 임금을 더 지급해 주는 것을 말한다.

직원의 잦은 지각으로 인해 급여에서 일정액을 제하고 지급하는 등의 근로수당을 차감하는 방법은 근로기준법에 의거 위법이다. 무단결근 등으로 인한 해고 또한 신중하게 처리해야 한다. 만약 직원이 노동청에 항의할 경우 무단결근을 하게 된 원인이 회사의 징계사항에 대한 불만 표출 차원인 것은 아닌지 다시 판단하기 때문이다.

우리 회사는 여직원이 많은 편이다. 출산휴가를 다녀온 직원도 여러 명 있다. 그래서 여직원의 출산 관련한 휴가 사용에는 그동안 문제가 없었다. 그런데 어느 날, 임신했다고 축하해 주었던 여직원이 유산을 했다는 소식을 듣게 되었다. 나는 안타까운 마음에 그녀에게 연차라도 써서 좀 쉬라고 권했다. 그러자, 이 말은 들은 여직원은 내게 섭섭하다고 쏘아붙였다. 그러면서 그 여직원은 유산 휴가라는 정식 휴가가 엄연히 있는데, 왜 굳이 연차를 사용해야 하느냐고 내게 반문하였다. 산전과 산후 휴가에 대해서는 알고 있었지만, 유산 휴가가 있다는 것은 사실 잘 몰랐었다. 유산과 사산으로 인한 휴가도 유급이다. 직원은 출산 휴가에 이어 바로 육아 휴직을 신청할 수도 있다. 또는 육아 휴직 대신 육아기 근로시간 단축을 신청할 수도 있다.

그런데 이런 휴가를 다 챙겨 주는 경우에 다소 황당한 경험을 하게 될 수도 있다. 조그만 회사를 운영하는 M 사장의 직원들 중에는 부부도 있었다. 그중에서 부인이 임신해 아기를 낳을 때가 가까워 오자, 그녀는 출산 휴가를 신청했다. 그리고 이어 아이를 맡아 줄 사람이 없다며 육아 휴직까지 사용했다. 중소기업은 직원 한 사람 한 사람에게 할당된 업무가 적지 않기에 M 사장은 그 직원의 장기간 부재로 힘들어했다. 그렇다고 휴직한 상태라 새로운 직원을 채용하기에도 부담이 많았다. 그래서 M 사장은 육아 휴직을 마치고 돌아온 여직원의 복귀가 가뭄의 비처럼 참으로 반가웠다고 한다. 그런데 이게 웬일인가? 여직원이 복직하자마자, 이번에는 남편 직원이 육아 휴직을 신청한 것이었다.

직원의 권리는 당연히 지켜져야 한다. 하지만 인력이 부족한 중소 회사에서는 이렇게 간혹 곤란한 일들이 벌어지기도 한다. 근로기준법이 계속해서 바뀌고 있어 사장 혼자서 그 내용들을 다 챙기기에는 조항도 너무 많고 예외사항들도 많다. 그렇다고 총무과 직원에게 시키기에는 그 사람 또한 전문가가 아닌 이상 그 내용을 전부 아는 것은 현실적으로 불가능하다.

노무에 관련한 팁이 몇 가지 있지만, 그 방법을 이 책에 쓰는 것은 위험한 부분이 될 수 있어 따로 서술은 하지 않으려고 한다. 다만, 1~2년간이라도 노무법인과 계약을 맺어 관련 컨설팅을 받아 볼 것을 추천한다. 그 기간 동안 사장은 틈틈이 회사 운영에 관하여 노무사에게 자문을 구하는 것이 좋다. 전문가에게 물어보면 노무와 관련한 보다 많은 지식을 얻을 수 있을 것이다. 참고로 월 20만 원 수준이면 노무법인과 연간 컨설팅 계약을 통해 지속적으로 상담을 받을 수 있다. 다만, 회사의 직원 수에 따라서 노무 컨설팅 비용은 달라질 수 있다고 한다.

중소기업을 운영하려면 노무 컨설팅 비용은 필수적으로 지불해야 하는 것으로 인식하고, 미리 준비해 두는 게 좋을 듯싶다.

세무를 모르면
세금 폭탄이 날아온다

나는 사업 초반 세금계산서를 어떻게 발급하는지조차 잘 몰랐었다. 돈을 받거나 지급할 때 100만 원이면 된 거지, 거기에 공급가액이 얼마고 부가세가 얼마고 총액이 얼마다라고 구분 지어 생각해 본 적이 없었기 때문이다. 하지만 경찰이나 법원 등에서 사실관계를 확인하기 위해 알리바이나 증인이 필요한 것처럼, 기업이 국가에 세금을 내기 위해서는 장부와 증빙서류를 통해서만 객관적인 사실을 인정받는다. 때문에 대부분의 중소기업에서는 세무 관련한 전문적인 업무를 세무사 사무실에 위탁하는 경우가 많다.

전자세금계산서 발행으로 예전에 비해 많이 줄어들었지만, 세금계산서 발행에 관한 문제는 지금도 매우 조심스럽다.

가끔 거래처에서 은밀하게 계산서 거래를 요청하기도 하였다. 현금으로 거래하는 대신 세금계산서 발행은 안 하는 조건으로 비용을 10% 할인해 준다거나 또는 노골적으로 허위 세금계산서 발행을 요구하는 경우도 있었다. 간이영수증으로 인정되는 금액은 매우 한정되어 있으므로 할인에 눈이 어두워 계산서를 발행하지 않는다면 매우 큰 손해다.

그래서 거래 중지나 신규 계약을 빌미로 허위계산서 발급을 요청받더라도 결코 하지 말아야 한다. 그 거래처가 지금 당장 우리 회사와의 거래에서 문제가 발생하지 않더라도 가까운 시일 내 다른 거래처와의 거래에서 문제가 발생하면 국세청에서는 우리 회사에 대해서도 사실관계 확인 조사를 하기 때문이다.

소득이 있는 국민이라면 모두 세금을 내야 한다. 세금은 국가 존립의 기초이기 때문에 매우 엄중히 그 책임을 묻고 있다. 특히 요즈음은 전산화가 잘되어 있어서 세무서에서도 쉽게 정보가 수집된다. 현금을 사용하면 현금영수증도 잘 챙겨 두는 것이 좋다. 세무에 관하여 만큼은 반드시 그 비용 지출에 대해 근거가 있어야 하기 때문이다. 세무를 처리함에 있어서 정확한 근거는 항상 필수적이다.

인사나 노무가 회사를 운영하는 데 소프트웨어적으로 중요한 부분이라면, 세무는 회사를 운영함에 있어서 법적으로 중요한 부분이다.

사장들이 세무사와 이야기하는 시기는 대개 세무조정 기간 즈음이다. 담당 세무사가 "적자입니다" 또는 "흑자입니다" "법인세는 얼마 정도입니다"라는 이야기를 해 준다. 또는 은행에 대출을 받아야 할 때 회사의 재무 건전성에 문제가 없는지 검토하는 정도일 것이다.

세무사 사무실에서는 비용의 대한 영수증과 연말 통장잔고를 확인해 매년 정산을 하는데, 이 과정에서 근거가 뚜렷하지 않은 지출은 보통 가지급금으로 잡힌다. 즉 회사 비용으로 사용했지만, 그 비용으로 인정받지 못하는 비용이다. 회사 비용으로 인정받지 못하는 것도 억울한데, 게다가 대표가 회사에서 빌린 돈으로 처리된다는 사실이다.

그래서 회사를 설립한 지 3~4년 이상 되었다면 꼭 가지급금 부분을 한번 살펴보기 바란다. 사장도 모르는 금액이 가지급금 항목으로 되어 있을 수도 있다. 그것은 대표가 회사에서 빌린 돈으로 처리되었기 때문에 회사에다 꼭 갚아야 하는 돈이다. 회사에 그 돈을 상환하지 않는 기간 동안에는 이자가 발생하며, 만일 계속해서 그 돈을 갚지 않으면 상여금으로 처리되어 갑근세를 내야 한다. 이런 사실을 잘 모르는 주위의 사장들은 억울함을 많이 토로하곤 한다.

"사장인 내가 회사 통장에서 가져간 것도 아니고 다 회사 비용인데, 적지 않은 금액이 지급으로 처리되어 있어 황당하기도 하고, 어떻게 처리해야 되는지 몰라 정말 고민이다."

요즈음 대기업의 사내 유보금에 대한 관심이 뜨겁다. 사내 유보 Retained Earning의 의미는 기업이 순이익 가운데 세금이나 배당금, 임원 상여금 등으로 외부에 유출되는 부분을 제외하고 내부에 적립하고 있는 돈을 뜻한다.

사내 유보금이라는 항목은 재무제표상에는 존재하지 않는다. 다만, 자본잉여금와 이익잉여금을 합쳐 통상 사내 유보금이라고 한다. 이익잉여금은 회사가 벌어들인 이익을 차곡차곡 쌓아 둔 것이다. 그리고 결산을 통해서 세금까지 다 낸 잉여금이다. 하지만 실제로는 중소기업 중에 이익잉여금만큼의 이익이 쌓여 있는 곳은 없다. 내가 아는 한 대다수의 중소기업 현실이 그렇다.

중요한 것은 이러한 이익잉여금을 향후 회사의 목표에 따라 관리해야 한다는 것이다. 만약 상속이나 회사 정리를 생각하고 있다면 그 규모를 축소시키도록 하고, 향후 상장이나 매각을 계획하고 있다면 그 목적에 맞게 관리해야 한다. 참고로 이익잉여금 규모가 크면 회사의 가치도 높아져서 상속을 할 때 상속세가 많이 부과될 수도 있다. 회사 정리를 위해 인수합병을 할 경우 회사의 가치가 커서 유리하다고 생각할 수도 있지만, 회사의 실질적인 가치에서 할인돼 거래가 되어야 하기 때문에 괜스레 커진 이익잉여금은 거래할 때 불이익을 줄 수 있다. 물론 회사 상장 등을 고려한다면 이때는 유리한 부분으로 작용하기도 한다.

하지만 가업 승계나 회사 정리로 사장이 자리를 넘긴다는 것을 알면 이야기가 달라진다. 실제로 600만 개인사업자가 있고 상장사는 2,000개 남짓으로 전체 회사들 중에서 상장까지 되는 경우는 극히 드물다. 상세한 처리 방법에 대해서는 세무사를 만나서 꼭 상담받아 보기를 권한다.

회사의 재무제표는 어느 날 갑자기 내가 노력한다고 해서 바로 조정되는 것이 결코 아니다. 그 노력이란 것도 내가 할 수 있는 것도 있지만, 내가 할 수 없는 것도 있다. 그러므로 이런 부분들을 미리 살펴보고 준비해야 한다. 규모가 작다고 해서 세무를 가벼이 생각했다가 회사까지 접는 경우도 보았다.

본인 회사의 재무제표를 한번 들여다보자. 생소한 문구라도 인터넷 검색을 해 보면 용어의 뜻 정도는 쉽게 알 수 있다. 대부분의 중소기업 사장이 원하는 회사 운영의 최종 목적은 M&A이거나 상장 또는 자녀에게 증여하거나 상속하는 것이다. 본인이 원하는 종착역까지 제대로 도달하려면 그 방법을 전문가들에게 계속해서 물어봐야 한다. 절대로 세무사들이 알아서 처리해 주지 않는다.

세무사들은 많은 거래처를 상대하기 때문에 무척이나 바쁘다. 사장들에게 많은 것을 알려 주려고도 하지 않는다. 자신이 알려 주어도 사장들이 이해하지 못한다고 생각하기 때문이기도 하고, 한번 말해 주면 계속해서 귀찮은 질문을 한다는 것을 잘 알고 있기 때문이다. 한 곳의 상담을 빨리 마치고 다음 회사를 방문하는 것이 세무사들에게 더 이익이다.

그러므로 내 회사는 내가 챙겨야 한다. 세무사와 일회성으로 거래하지 말고 연간 계약을 맺고 매월 기장료를 내는 것이 중간중간 궁금한 사항을 물어보거나 중요한 세무사항이 생겼을 때 편리하다.

세무에 관한 지식은 풍부할수록 좋다. 아는 만큼 절세가 가능한 부분도 있다. 세무에 대해 가장 잘 아는 사람은 세무사다. 귀찮아 하더라도 궁금한 부분이 있다면 정확히 물어보고 나서 업무를 진행해야 한다. 그리고 모르는 숫자와 관련 용어들은 인터넷 등에서 찾아 그 의미를 파악하려고 노력해야 한다. 아는 만큼 돈이 절약되는 법이다.

가지급금 같은 경우, 대표가 별도의 약정 없이 그 돈을 무단 인출하여 장기간 상환하지 않거나 대손 처리하게 되면 업무상 횡령 및 배임이 될 수도 있다. 참고로 업무상 배임 및 횡령죄는 10년 이상의 징역 또는 3,000만 원 이하의 벌금을 받는다.

직원 퇴직적립금 관리는 필수이며, 만약 이를 잘못 관리하면 그 또한 노동청을 통해 검찰에 고발 조치되어 구속될 수 있다.

사업을 함으로써 실업자 해소에 앞장서는 등 국가에 기여하는 바가 크지만, 이처럼 잘못된 기업 관리 방식을 방치한다면 세금 폭탄은 물론 하루아침에 범법자가 될 수도 있다.

경쟁사 벤치마킹의
이유와 방법

　벤치마킹Benchmarking 기법은 우수한 다른 기업의 제품이나 기술, 경영 방식을 배워서 우리 회사에 응용하는 것으로, 미국의 제록스사가 일본 경쟁 기업들의 경영 노하우를 알아내기 위해 직접 일본으로 건너가 조사 활동을 벌이고, 그 결과를 자신들 회사의 경영 전략에 활용함으로써 다시 제록스사의 경쟁력을 회복한 것에서 비롯되었다.

　사업을 함에 있어서 벤치마킹은 필수적이다. 경쟁사 대비 우리 회사 조직의 강점과 약점을 파악할 수 있고, 프로젝트를 시행함에 있어 우리 회사와는 다르게 문제를 풀어 나가는 다양한 방법들을 배울 수 있다. 벤치마킹을 통해 회사는 프로젝트 시행 시스템을 업그레이드시킬 수 있고, 경쟁사 대비 조직의 역량을 체크해 볼 수도 있다.

벤치마킹은 기본적으로 경쟁사의 성과를 파악하는 데만 그치는 것이 아니라 우수한 성과가 어떻게 도출되었는지 그 노하우까지도 대상으로 삼는다. 즉 벤치마킹 활동의 결과물은 타 기업과의 성과 비교뿐만이 아니라 우수한 성과를 가져오게 된 원인에 대해서도 분석되어야 한다.

그런데 경쟁 기업에 가서 궁금한 것을 물어보고 그것을 그대로 따라한다고 해서 벤치마킹의 효과가 모두 나타나는 것은 아니다.

일단 다른 회사를 벤치마킹하려면 먼저 자신의 회사에 대해 잘 알고 있어야 한다. 회사의 비즈니스 키포인트가 무엇인지 알아야 한다. 내 비즈니스가 무엇으로 먹고 살고 있는지 그 핵심요소를 알아야 한다는 뜻이다.

그리고 나서 어떤 회사를 벤치마킹할 것인지 정해야 한다. 기왕이면 동종업계에서 유사한 규모의 매출과 직원을 둔 회사를 선정하는 것이 좋다. 그리고 우리 회사의 전략 목표와 비교해 경쟁사로부터 전략적인 교훈을 얻을 수 있는지도 체크해 보길 권한다. 제품 기술력과 품질 그리고 주식 관리 등 회사의 경영 메커니즘을 보고 경쟁사와 우리 회사의 효율성도 비교해 보아야 한다. 기술을 잘 활용하고 있는지도 따져 보아야 한다.

또한 경쟁사가 같은 영역에서 직원을 몇 명이나 투입하고 있는지와 그와 비교해 우리 회사의 직원들보다 많은지 아니면 적은지도 봐야 한다. 그리고 경쟁사가 IT와 다른 장비에 투자를 하고 있는지 여부와 투자를 하고 있다면 어느 정도 수준인지도 알아봐야 한다. 마케팅에 투여하는 비용이 얼마나 되는지도 알면 좋다. 그리고 그 비용이 업계 표준에 비추어 적절한지도 봐야 한다. 이러한 비용에는 급여뿐 아니라 연구 개발비도 포함되어야 한다.

이러한 조사를 통해 사장은 단순히 마케팅의 문제가 아니라 제품 자체의 문제나 잘못된 시장을 겨냥한 타깃팅 오류를 발견하게 될 수도 있다.

그런데 이러한 벤치마킹을 하기 전에 준비해야 할 사항이 생각보다 많다. 먼저 사장이 회사의 매출과 이익에(그것도 각 부서별로) 대해서 정확히 알고 있어야 한다. 또한 고객에 대한 서비스 표준을 점검해야 한다. 고객 서비스는 유사한 제품이나 서비스들이 서로 경쟁하는 격전지다. 고객 재방문율의 증감 여부나 회사가 받는 불만의 빈도를 체크하는 것 등은 사장에게 많은 영감을 줄 것이다. 이러한 벤치마킹은 동종업계를 대상으로 해야 효과가 크다.

기존의 비즈니스가 어느 정도 자리를 잡고 난 후 새로운 비즈니스를 구상하고 있을 때였다.

경쟁회사의 대표들과 술자리를 가진 적이 있었는데, 그 자리에서 한 경쟁업체의 사장이 술에 취해 새로운 사업 라인으로 세팅을 했더니 수천만 원의 추가 매출이 발생하더라는 말을 했다. 또한 그는 직원 수와 매출 그리고 어떤 식으로 비즈니스가 진행되고 있는지에 대해서도 발설하였다.

나는 들은 내용을 잊어버리기 전에 바로 화장실로 가서 메모를 하였다. 그리고 다음 날 그 분야의 전문가를 찾아 곧바로 팀을 세팅했다. 우리 회사와 유사한 부분이 워낙 많았던 회사라서 매사 관심을 갖고 있었던 것이 주효하였다.

옛말에 '친구는 가까이 두고 적은 더 가까이 두라'는 말이 있다. 이러한 벤치마킹을 함에 있어서 상대방의 정보를 알려면 내 정보도 주어야 한다. 가끔 자신의 정보는 제공하지 않으면서 상대방의 정보만을 빼내려고 하는 사장들을 보게 된다. 그런 사람에게 정보를 제공할 마음이 과연 들겠는가? 세상일이란 게 알고 보면 기브앤테이크Give & Take이다. 그리고 그 과정에서 거짓말은 하지 않는 편이 좋다. 만약 거짓이라면 언젠가는 들통나게 마련이기 때문이다.

또한 벤치마킹을 하고 난 뒤 그것을 우리 회사에 실행하는 데 있어 때로는 너무 디테일하게 아는 것이 도움이 되지 않는 경우도 있다. 너무 많은 정보가 오히려 결정의 방해 요소로 작용하기도 하기 때문이다.

사장의 브랜드를
키워라

　중소기업은 대기업처럼 TV나 라디오 광고 등을 통해 브랜드를 홍보할 여력이 되지 않는다. 그렇다고 해서 회사 이름을 알리는 것을 포기할 수는 없다. 작은 회사일지라도 인지도 및 이미지를 높여 주는 브랜드가 매우 중요하기 때문이다. 그건 곧 특정 브랜드의 제품을 사는 것과 마찬가지다. 믿을 수 있기 때문이다. 카페를 가더라도 익히 잘 알고 있는 프랜차이즈 카페를 고객들이 선호하는 것을 생각하면 이해하기 쉽다.

　하지만 중소기업은 브랜드를 고객들에게 알리기가 쉽지 않다. 별도의 비용을 들여서 광고를 하거나 홍보를 하지 않는 한 말이다. 그리고 동종업계에 유사한 업체들이 많다 보니 실제로 차별화해서 브랜드화시키는 것도 용의하지 않다.

이 때문에 회사를 대표하는 사장이 조금의 인지도라도 있다면 회사의 브랜드 인지도 향상에 도움이 된다. 성격상 외부에 자신을 잘 드러내지 않으려고 하는 사장들도 많이 있는데, 기회가 된다면 사장 자신의 브랜드를 잘 구축해 놓는 것이 영업에도 도움이 된다.

언젠가 한 회사로부터 입찰에 참가해 달라는 요청이 들어온 적이 있었다. 입찰 내용에 관하여 좀 더 자세한 이야기를 듣고자 그 회사를 방문하여 회의를 하던 중, 우리 회사를 어떻게 알게 되었는지 담당자에게 물어보았다. 그러자 거래처 담당자는 사장인 나의 강연을 들은 적이 있었는데, 마침 연관 있는 사업이 있어서 그 사업에 우리 회사가 전문 회사인 듯하여 입찰에 참가해 달라는 요청을 했다는 것이었다. 또 한번은 문제가 생겨서 내가 직원과 함께 직접 고객사를 방문한 적이 있었는데, 고객사 담당자가 내 명함을 받아보더니 내가 기고했던 웹진의 칼럼 이야기를 했다. 물론 그 미팅은 좋은 결과로 이어졌다.

사장의 브랜드는 키우고 싶다고 해서 한번에 확 커질 수 있는 것이 아니다. 다년간에 걸친 노력이 필요하다. 사장의 브랜드는 회사 브랜드와 양립이 가능하다. 기왕이면 같은 분야일수록 외부의 신뢰를 얻을 수 있다.

사장의 브랜드를 만드는 데 가장 좋은 방법은 책을 쓰는 것이다. 만약 택시회사를 운영하고 있다면 택시와 관련한 책이나 택시회사 경영에 관한 책을 쓰는 것이 좋다. 그러지 않고 택시회사 사장이 택시와 관련 없는 분야의 책을 쓰는 것은 회사 브랜드를 높이는 데 별다른 도움이 되지 않는다. 철저하게 자신이 잘 아는 분야에 대해서만 이야기하는 것이 좋다. 그런데 처음부터 책을 쓰려면 만만치 않다.

그래서 먼저 잡지나 신문 등 언론과의 인터뷰를 통해서 자신의 이야기를 들려주는 것도 좋은 방법이다. 역경 없이 순탄하게 성공한 사장은 찾아보기 힘들다. 그런 사장의 성공 스토리는 언론의 좋은 기삿거리가 된다. 그런데 사실 대기업 사장이 아니기 때문에 인터뷰 기회도 자주 있지 않다.

그래서 나는 무료 강연을 적극적으로 다녔다. 강연도 좋은 홍보 수단이다. 대학생들을 위한 교양 강의도 했고 온라인 웹진에도 무료로 기고했다. 무료라면 꽤 많은 곳에서 요청이 온다. 그것들이 점점 쌓여 이후에 강의를 요청하는 곳도 많아졌고 기고를 원하는 곳들도 점차 늘어났다. 그렇게 쌓인 자료를 정리하여 마침내 책을 발간할 수 있었다.

사장의 브랜드가 커지면 커질수록 소비자들에게 호감을 살 가능성이 높다. 소비자들의 호감을 사게 되면 사장의 명망이 높은 회사의 제품을 선택할 가능성이 높다. 사장의 브랜드는 회사의 좋은 영업 무기가 되기도 한다.

하지만 무조건 사장의 브랜드를 알리는 것이 좋은 것만은 아니다. 사장이 개인적인 실수를 한다면 오히려 화가 될 수 있다.

C 식품의 K 회장은 자신을 브랜드화해서 성공한 사람으로 유명하다. 그는 매출 500억 원이 넘는 건강식품회사로 우뚝 섰다. 하지만 얼

마 전 그가 SNS에 올린 글이 구설수에 오르면서 그 회사의 이미지가 바닥으로 떨어졌다. 매출이 급감한 것은 말할 것도 없다.

  대중에게 알려진 사장의 브랜드는 공적인 역할을 하기 때문에 개인적인 실수가 회사 매출에 악영향을 끼칠 수도 있다. 이 때문에 사장의 브랜드화는 매우 조심해야 한다. 따라서 사장의 브랜드를 키우지 않는 것도 하나의 전략이 될 수 있다.

  그래서 많은 회사들이 사장의 브랜드를 키우지 않기도 한다. 사장이 잘못된 송사에 연관되면 회사의 이미지도 같이 나빠지기에 사장의 브랜드를 일부러 키우지 않는 것이다. 회사의 브랜딩만 제대로 되면 사실 사장의 브랜딩까지는 할 필요가 없다.

  결국 사장의 브랜드를 키울 것인지 말 것인지는 사전에 전략적으로 결정해야 한다. 사장의 브랜드는 결국 회사의 브랜드로 귀결되기 때문이다.

돈의 섭리를 알아야 돈을 번다

기업에게 돈은 한마디로 피와 같다. 따라서 돈이 없는 기업은 생존할 수가 없다. 그만큼 기업에게 있어 돈은 매우 중요하다. 그러므로 사장이라면 돈에 대해서 정확히 알고 있어야 한다.

이렇게 중요한 돈은 일정한 특징을 가지고 있다. 제일 먼저 돈은 돌고 돈다. 두 번째로 돈은 뭉쳐서 다니는 습성이 있다. 돈이 돈을 따라다니는 것이다. 그래서 돈을 가진 사람이 더 많은 돈을 모으게 된다. 또한 돈은 이자라는 작은 돈을 또 낳아 준다. 그래서 처음에 돈을 모으기는 힘들지만 일단 눈에 보일 정도로 많은 돈을 모으게 되면 그 모인 돈이 더 많은 돈을 벌어다 준다.

돈은 절대 쉽게 오지 않는다. 기업 간 비즈니스의 매개체는 돈이다.

돈을 벌기 위해서 서비스와 용역을 제공하고, 그 대가로 돈을 받는다.

그 돈을 이해하려면 경제를 알아야 한다. 경기가 좋을 때는 돈이 시중에 많이 풀린다. 돈이 시중에 많이 풀리게 되면 영업도 호황이다. 모든 경제 주체들이 잘 돌아간다.

돈을 매개로 해서 국가 간 경제 시스템이 연결된다. 각 국가가 저마다 이익을 위해서 자국의 화폐가치를 낮추려고 한다. 환율은 국가 간 돈의 가치 차이다. 가치를 낮게 가져가면 수출에도 도움에 된다. 즉 환율이 낮아지면 그만큼 수출 경쟁력이 높아진다. 하지만 그만큼 해외 원료를 비싼 값에 사와야 한다.

시장에 돈이 많이 풀리면 물건을 사려고 하는 사람이 많다. 그래서 우리가 흔히 인플레이션이라고 하는 경제적 현상이 일어난다. 돈이 많으니 그 돈의 가치는 상대적으로 떨어진다. 역사적으로 인플레이션은 반복되었다. 그래서 사장들은 기회가 있을 때마다 부동산에 투자를 한다. 작년 캐나다 부동산 시장도 사상 최고의 활황을 기록하였다. 올해도 오를 것으로 예상된다.

거꾸로 디플레이션도 있다. 과도한 인플레이션을 막기 위해 정부에서 통화정책을 긴축으로 전환하고 강력히 시행할 경우에 발생한다. 또는 사려는 사람은 적은데 물건이 많아서 가격이 떨어지게 됨으로써 물가가 하락하는 경우에도 디플레이션이 발생한다. 디플레이션 시대에는 돈이 최고의 인기상품이다. 돈의 가치가 올라가기 때문이다.

이 밖에도 회사를 제대로 경영하려면 사장이 알아야 할 것이 하나

둘이 아니다. 글로벌 경기 흐름과 업종별 최신 경기 동향 및 국내외 경제상황, 환율의 움직임 그리고 여타 업을 영위함에 있어서 필요한 관련 법률 등 다양한 부분에 대해서 공부하고 이해하고 있어야 한다.

S사의 J 사장은 원료 80% 이상을 해외에서 수입해서 쓴다. 그래서 항상 환율에 민감하다. 외환은행이 아니더라도 기타 시중은행에서도 미국 달러화를 살 수 있다. 거기에서는 보통 주요 4개국의 외화(미국 달러, 일본 엔화, 유럽연합 유로, 영국 파운드)를 취급한다. 경기를 좀 이해하고 예측이 된다면 이 또한 주요한 재테크 수단이 될 수도 있다.

또 I 사의 P 사장은 중국에서 유학도 하고 사업도 했다. 그래서인지 한국이나 일본에서 성공한 비즈니스가 중국에서도 성공할 것이라고 확신하고 있다. 그는 중국 주식에도 관심이 많아 그것을 국내 증권사를 통해서 직접 사는데, 수익률이 굉장히 높은 편이다.

유태인은 돈에 관한 한 집념의 민족이다. 그래서 워런 버핏, 조지 소로스, 록펠러, 로스차일드 등 세계 최고의 부자들 가운데는 유태인이 많다.

그들의 속담 중에 "가장 훌륭한 교사는 가장 많은 실패담을 들려주는 사람"이라는 말이 있다. 유태인은 역사 속에서 끊임없이 실패하고 쫓겨나면서 왜 실패를 했는지 연구하고 배운 민족이었다.

이러한 유태인들의 돈에 대한 교육은 그들의 삶에 대한 철학만큼이나 독특하다. 아이러니하게도 그들은 돈에 집착하지 않아서 돈을 벌었다. 그들은 수천 년간 탈무드를 통해 돈을 쫓는 것이 아니라 돈이 그들을 쫓아오도록 가르쳐 왔다.

유태인이 돈을 사랑하고 수전노처럼 산다는 것은 오해다. 오히려 돈에 연연해하지 않기 때문에 돈을 더 번다. 돈의 습성을 배우고 돈의 흐름을 보는 법을 교육을 통해서 배운 것이다.

기업들의 유형은 매우 다양하다. 제조업을 하는 사람이 있는가 하면, 서비스업이나 보험업, 소프트웨어업, 컨설팅업을 하는 사람들도 있다. 업종은 제각각 달라도 그들의 목적은 하나같이 돈을 버는 것이다.

돈의 흐름이 보이면 절대로 사업에 실패하지 않는 사장이 될 수 있다. 지금 있는 곳에서 돈이 어디로 흘러가는지 보기 위해 노력해 보길 바란다. 회사 내에서의 돈은 반드시 흔적을 남긴다. 누가 왜 인출했는지 그 이유와 사용처가 기록된다는 말이다. 기업은 이러한 돈의 흐름을 파악할 줄 알아야 한다. 그러기 위해서는 기업의 현재 상태를 잘 아는 것이 매우 중요하다. 현재 회사 내 돈의 흐름을 파악하는 것은 기업의 건강 상태를 아는 것과 같다.

돈의 섭리를 이해하기 위해서는 경제 공부를 하는 게 좋다. 장기적인 관점에서 기업에 돈을 쌓아 두는 건 현명한 방법이 아니다. 무리하지 않는 선에서 다양한 분산투자를 하고 빚은 최대한 지지 않는 편이 예금을 많이 하면서 빚을 지는 것보다 낫다. 또한 앞으로 경기가 좋아질 것으로 예측되면 부동산을 사 두고, 나빠질 것으로 예상되면 부동산을 팔아서 현금을 지니고 있는 것이 좋다.

돈은 사회 전반적인 경기 흐름을 탄다. 그러므로 반드시 경제 공부를 통해서 현재의 경기 흐름을 파악해야 한다. 경기 흐름을 이해하고 있다면 돈을 이해하는 데 도움이 될 것이다. 부자들은 특히 경제 공부를 게을리하지 않는다. 요즈음은 인터넷이 발달하여 마음만 먹으면 어디서든지 정보를 찾아볼 수 있다. 한발 더 움직이면 보이지 않던 것들이 보이는 세상이다.

꼭 알아 두어야 하는 필요 정보들

정부 정책자금을
적극 활용하라

　회사를 경영하다 보면 '애국자'란 말을 가끔 듣는다. 그 이유는 회사를 경영하면 국가에 기여하는 부분이 엄청나게 많기 때문이다. 부가가치세와 지방세 등 각종 세금을 내고 직원들의 고용에도 기여한다. 국가의 입장에서 보면 자국의 기업들이 높은 성장을 이루어 세금을 많이 걷는 것이 이익이다. 뿐만 아니라 기업들이 일자리를 만들어 직원을 고용하니 그만큼 국가의 부담을 줄여 주는 역할도 하는 것이다.

　따라서 이런 중소기업들이 건강하게만 성장할 수 있다면 국가에서는 지원을 아낄 이유가 없다. 기업이 세금을 내는 것과 동시에 국가에서 주는 혜택이 있다. 바로 중소기업을 위한 각종 정책자금들이다.

　중소기업들의 성장 과정에서 반드시 자금이 필요한 시점이 있다. 규모 확장을 위해 좀 더 큰 사무실 공간이 필요한 경우도 있고, 보다 높은 생산력을 위해 기계를 구입하고자 시설자금이 필요한 경우도 있다.

특정한 연구 결과가 긴급히 필요할 경우도 생긴다. 내로라하는 거대 기업들의 최첨단 상품들이 하루가 멀다 하고 쏟아져 나오는데, 이러한 세계 시장에서 밀리면 회사의 미래는 암울해진다. 글로벌 기업들과 경쟁하는 데 국가 산하 기관에서만 연구하기에는 역부족이다.

그래서 이럴 때 민간업체들에게 위탁 연구를 맡기기도 한다. 이러한 위탁 연구 용역비가 결코 적지 않다. 중소기업에서 총 연구비 중 30%를 부담하면, 나머지 70%는 국가가 부담하는 경우가 많다. 단, 연구 용역이 성공했을 때는 일정 기간 동안 매출의 일정액을 로열티 명목으로 국가에 내야 한다. 그래도 연구개발비가 부족한 중소기업에게는 단비가 아닐 수 없다. 특정 연구를 잘 찾아보면 우리 회사에서 현재 진행 중이거나 앞으로 진행할 연구 프로젝트가 있을 것이다.

(주)삼전순약공업은 전문시약을 개발하는 회사다. 그곳의 전성혁 사장은 회사 내 신제품 개발 연구소를 통해 국가 개발 프로젝트를 따냄으로써 많은 성과를 거두고 있다.

그럼 국가에서는 왜 이렇게 적지 않은 예산을 들여서 중소기업들의 연구개발비를 지원하는 것일까?

국가 차원의 꼭 필요한 기술들 중에서 아직 개발되지 못해 외국에서 비싼 로열티를 내고 수입해서 사용하는 것들이 있는데, 이러한 기술들을 개발하면 매우 높은 경제적인 효과가 나타난다. 과거 이러한 사업들은 대기업에 많이 집중되어 있었지만 최근 중소기업들에게도 그 문호가 개방되었다. 이러한 연구개발비를 지원받아 성장한 중소기업들이 만들어 내는 경제효과 때문이다.

한 기업이 신성장 분야의 개발에 성공하면 그로 인해서 회사가 크게 성장한다. 이렇게 성장한 회사는 관련 분야의 직원 고용을 늘리게 되고 매년 각종 세금을 많이 냄으로써 직간접적으로 국가 경제 발전에 기여하게 된다. 즉 연구 개발에 성공하면 그 경제적인 파급 효과가 엄청나게 크다는 사실을 이미 경험으로 잘 알고 있는 것이다.

만약 정책자금을 활용할 생각이라면 정부에서 추진하는 신사업에 대한 큰 흐름을 파악하고 있어야 한다. 회사에서 추진하고 있는 분야와 매치되는 부분이 있다면 정책자금을 마중물처럼 활용할 수도 있다. 그래서 정부 정책자금 정보를 통합적으로 제공해 주는 인터넷 사이트들이 있는데, 그 사이트들을 북마크해서 자주 챙겨 볼 것을 추천한다.

그리고 각종 협회나 국가 기관들의 웹사이트를 보면 자금 지원 관련 정보가 자세하게 나와 있다. 특히 첨단 소재나 IT 관련한 비즈니스에는 굉장히 많은 프로젝트들이 있다. 이러한 분야의 창업을 꿈꾸고 있다면 반드시 이 사이트들을 살펴보길 권한다.

또한 정책자금 컨설턴트들도 있어, 이들에게도 자문을 받을 수 있다. 이들을 통하면 좀 더 편리하게 정책자금 신청이 가능하다. 하지만 간혹 신청을 조건으로 추가적인 불법 수수료를 요구하는 업체들도 있어 주의가 필요하다. 이러한 업체들을 통해 신청한 정책자금을 사용하면 법적인 처벌까지도 받는다. 절대적으로 믿을 수 있는 업체와 계약을 하거나 사장이 직접 정책자금에 대해 알아보고 신청하길 권한다.

나 같은 경우 사업 초기에 국가에서 지원하는 지식산업센터에 입주하면서 정부 정책자금을 활용한 적이 있었다. 청년채용 패키지 사업 및 대학생 중소기업 체험 활동 등 중소기업청에서 주관하는 인력 지원 사업이 바로 그것이었다. 인력난이 심각한 중소기업에게 인력 지원 사업은 가뭄의 단비였다.

회사 입장에서는 직원을 뽑았다 하더라도 최소 6개월 이상은 가르쳐야 제대로 업무에 대해 이해할 수 있기에 인건비 부담이 만만치 않다. 우리 회사 같은 경우에도 직원 수가 많을 때는 140명까지 달했으니 매월 인건비 부담이 컸다. 그것에 대해 고민하던 중에 청년 인턴 제도를 알게 되어 그 기금을 통해 인건비 중 일부를 6개월 동안 보조받았다.

이밖에도 중소기업청에서 다양한 인력 지원 사업을 진행하고 있으니 참고하길 바란다. 사업을 시작하면서 한 푼이 아쉬운 중소기업들에게 매우 유용한 제도다.

현재 중소기업들에서 고민하고 있는 부분에 대한 지원 정책이 잘 만들어져 있다. 이러한 지원 정책을 활용하지 않을 이유가 없다. 하지만 직원들이 이러한 것들에 대해 먼저 알아서 해 주지는 않는다. 사장이 직접 알아보고 찾아다녀야 한다. 발품을 파는 만큼 기회가 많이 보이는 법이다.

M&A를 조심하지 않으면 회사를 빼앗긴다

여러 가지 이유로 회사를 매각하게 되거나 합병을 해야만 하는 상황이 발생하기도 한다. 나 같은 경우 4번의 시도 끝에 마침내 합병에 성공했다.

회사를 인수합병M&A할 때는 그것에만 온 신경을 써야 한다. 그렇지 않으면 자신이 평생 일구어 온 회사를 빼앗기게 되는 상황이 벌어질 수도 있기 때문이다. 나는 합병 과정에서 많은 중소기업 사장들이 그렇게 당하는 것을 수차례 보아 왔다. 계약서를 제대로 쓰지 않은 것도 아닌데 말이다.

왜 사장들은 자신의 회사를 어처구니없이 빼앗기는 것일까? 그건 합병에 대한 충분한 지식이 없고 사회를 너무 안일하게 생각한 탓이다. 스스로의 지식에 도취된 나머지 마지막 단계에서 주의 의무를 태만했다. 오늘날 너무나도 많은 회사에서 벌어지고 있는 일이다. 이는 자본시장에 대해 오해를 하고 있기 때문이다.

회사를 인수합병할 때 구주로 거래할 것인지, 신주 발행을 통해서 할 것인지 선택하게 되는데, 이때 대다수의 사장들은 아무 생각 없이 신주 발행을 선택하곤 한다. 내 주식은 그대로 있으니 별다른 문제가 없을 것으로 판단하는 것이다.

하지만 구주와 신주의 차이는 실로 엄청나다. 구주舊株는 사장과 기존 주주들이 가지고 있는 구 주식을 의미하고, 신주新株는 회사가 그 목적에 맞춰서 제3자를 지정해서 새롭게 발행하는 신 주식을 의미한다.

회사와 사장은 상법상 완전히 다른 객체다. 결론부터 말하면 구주 매각은 기존 회사 주주의 보유 주식을 파는 것이어서 그 주주의 통장으로 돈이 들어온다. 하지만 신주 발생의 경우 회사가 새롭게 발행하는 주식이므로 기존 주주가 아닌 회사 통장으로 돈이 들어간다. 즉 신주 발행은 회사의 자본금이 증액되는 요인이 되고, 그 대금은 기존 사장이 가지고 갈 수 없는 회사의 자금이 되는 것이다. M&A에 있어서 신주 발행 형식에 정말 신중해야 하는 이유는 사장은 돈 한 푼 가지고 가지 못하는데 지분율은 발행한 주식 수만큼 낮아지기 때문이다. 실제로 이 때문에 회사의 경영권을 송두리째 빼앗긴 사장들을 많이 보았다.

나도 합병을 하는 과정에서 상대방 측으로부터 신주 발행을 하겠느냐는 말을 2번이나 들었다. 상대방 측에서 어떠한 의도로 그런 말을 했는지는 모르지만, 그것이 어떠한 결과를 가져올 수 있는지 장단점을 알고서 진행하는 것과 모르고 당하는 것은 하늘과 땅 차이다.

에베레스트를 오르고 나서 무사히 내려왔을 때 비로소 우리는 그 산악인이 세계에서 가장 높은 산을 정복했다고 말한다. 그러나 조난 등을 당해 하산을 제대로 못하면 그 등정은 실패한 것이다. 이처럼 사업을 에베레스트 등반에 비유한다면 합병이나 매각은 무사히 지상까지 귀환하는 것을 의미한다. 수많은 사장들이 정상에 오른 것에 도취된 나머지 그만 이런 하산 과정을 너무 쉽게 생각해 고스란히 자신의 회사를 막판에 빼앗기는 경우가 많다.

만약 A라는 회사의 기존 발행 주식의 수가 100만 주이고, 그 주식의 100%를 현재 A 회사를 경영 중인 B 사장이 소유하고 있다고 예를 들어 보자. A 회사의 100% 지분인 100만 주는 온전히 B 사장의 것이다. 여기서 구주를 거래한다고 하면 B 사장의 기존 주식 100만 주를 파는 것이다. 그럼 그것으로 그 거래는 마무리가 된다. 간단하다.

그런데 만약 B 사장이 신주 발행을 선택한다고 해 보자. C라는 회사를 매수인이라고 가정했을 때 C를 대상으로 A 회사는 100만 주를 발행하고 돈은 B 사장의 회사로 입금된다. 그만큼 A 회사의 자본금은 늘어난다. 그런데 이때 C 회사는 신주를 단순히 100만 주만을 발행하지 않고, 경영권 획득을 위해 기존 B 사장의 지분보다 많은 100만 주플러스 1주나 120만 주를 발행한다. 이렇게 되면 B 사장은 단 한 푼도 챙길 수가 없다. 사장이 이제 챙겨 갈 수 있는 것은 퇴직금밖에 없다. 가지급금 등이 있으면 오히려 그 금액을 회사에 토해 내야 하는 상황이 발생한다. 따라서 처음 인수합병을 한다면, 절대 신주 발행 형식으로 거래하지 않기를 권한다.

실제로 Y 광고회사의 A 사장은 M&A를 잘못 처리해 자신이 소중하게 키워 온 회사를 빼앗겼다. Y사는 잘 운영되고 있었지만, 외상 매출금이 자꾸 늘어나는 바람에 매달 자금이 빡빡하게 돌아갔다. 이에 A 사장은 Y사의 운영 자금에 여유가 생기면 더 많은 고객과 거래를 할 수 있어서 매우 유리하리라 판단했다. 마침 투자처를 찾고 있는 B사의 사장을 만나게 되어 사정 이야기를 하니 그는 흔쾌히 투자를 결정했다. 그래서 Y사와 B사는 합병하기로 하고, Y사 통장으로 20억 원의 돈을 받았다. A 사장 또한 개인적으로 소정의 돈을 받았다. 그렇게 해서 Y사는 여유 자금을 확보하게 되었다.

그런데 그 과정에서 A 사장은 Y사 지분의 약 70%를 신주 발행해 주었다. 그 때문에 A 사장의 지분은 30%로 떨어졌지만, 그래도 A 사장은 회사에 넉넉한 자금이 들어와 일하기가 훨씬 더 수월해졌다며 굉장히 잘한 거래라고 스스로를 칭찬하였다.

하지만 A 사장은 M&A 후 일주일 휴가를 다녀온 뒤 기분 좋게 메일함을 열었다가 기절초풍할 뻔했다. 회장 명의로 자신을 해고 통보하는 메일이 와 있었던 것이다. 메일에는 '이제 회사를 그만 나와도 된다'는 짤막한 단 한 줄의 문장뿐이었다. A 사장은 회사에 들어오는 자금만 생각했지, 지분에 대한 개념이나 이익에 대해서는 전혀 따지지 않았던 것이다.

A 사장은 멀쩡하던 자신의 회사를 그렇게 빼앗겼고, 함께 일하던 팀장들과 직원들이 울면서 그를 배웅해 주었다. 그는 지금 다른 회사에서 일하고 있으며, 전 회사를 상대로 소송을 진행 중이다.

거래하는 당사자들을 너무 믿지 마라. 오히려 계약서가 더 중요하다. 계약서는 서로 잘 진행될 때가 아니라, 도모하는 일이 잘 되지 않았을 때를 대비하기 위함이다. 그래서 계약서는 꼼꼼히 챙겨야 한다. 그렇지 않으면 평생 애지중지 키운 회사를 한순간에 송두리째 빼앗길 수 있다.

회사 규모와 순이익은 비례하지 않는다

회사가 어느 정도 매출이 증가하고 있을 때였다. 나는 회사 규모가 커지면 이에 비례해 순이익 또한 늘어나는 줄만 알았다. 하지만 그게 아니라는 것을 곧 깨달았다. 회사 규모가 커진다고 순이익이 늘어나는 것이 절대 아니다.

대다수의 중소기업 사장들은 회사 매출이 늘어나면 이익도 당연히 커질 것으로 생각하고 지속적으로 직원을 충원한다. 이러한 상황은 회사의 순이익이 제로가 되는 시점까지 이어진다. 현재 손익분기점이 제로이므로 매출이 늘면 다 이익이 될 것이라고 생각하기 때문이다. 하지만 그건 잘못된 생각이다.

회사 매출이 발생하는 적정한 시점이 있다. 사업 초기에는 매달의 순이익을 보면서 직원을 충원해 나간다. 그런데 대부분 이 시점에 반드시 필요치도 않은 직원들을 충원하게 되는 경우가 많다. 신입직원들이 충원되면 그 직원들을 관리할 관리자급이 또 필요하다. 그리고 회사에 직원들이 늘어남에 따라 총무와 회계, 인사 담당 직원들도 줄줄이 필요하게 된다. 그런데 그 직원들을 관리하지 않으면 오합지졸이 되고 만다. 또 직원들이 많아지게 되면 그만큼 업무 공간도 늘어난다. 그렇게 되면 처음 생각했던 것보다 더 많은 비용이 투여된다.

그리고 직원들이 입사하면 반드시 업무에 대한 교육이 필요하다. 그렇지 않으면 기존 직원과의 업무 역량에서 현격한 차이를 보이게 되기 때문이다. 그런데 사실 그렇게 필요하지도 않은 상황에서 뽑은 직원들에 대해서는 아무래도 관리가 소홀해질 수밖에 없다. 그러면 회사 입장에서는 회사의 이익을 차감하는 요소가 생겨 버린 셈이다.

필요치도 않은 상황에서 많은 직원들이 근무하게 되면 비효율적인 부분이 반드시 발생된다. 이러한 비효율적인 부분은 쉽게 드러나지 않는다. 보통 1년이 지나면 직원들의 급여가 인상되는데 매출이 계속해서 늘어나 주면 회사가 버틸 수 있지만, 이익이 극대화되는 시점은 회사 규모와 비례하지 않는다. 주요 거래처가 떨어져 나가기라도 하면 이제 회사는 직원들의 인건비를 빼고 나면 남는 것이 거의 없는 수준이 된다.

회사 매출만 늘어서는 절대 이익이 남지 않는다. 매출이 증가함에도 불구하고 적정 규모의 직원 수를 유지하고자 하는 사장들이 있다.

이유는 매출 증가가 절대적으로 회사 수익을 올려 주지 않는다는 사실을 잘 알기 때문이다. 회사 수익이 설령 증가하고 있다고 하더라도 계속해서 그것이 유지된다는 보장이 없을 뿐더러 매출이 증가하면서 직원 수가 늘어나게 되면 그만큼 운영 리스크도 늘어나는 셈이다.

회사의 매출 규모가 중요한 시대는 지났다. 이제는 철저하게 순이익을 키워야 한다. '이번 달은 적자였지만, 다음 달은 괜찮겠지' 하는 안일한 생각은 버려야 한다.

여기 두 개의 회사가 있다. 한 회사는 매달 이익이 적더라도 매출을 중요하게 생각해서 외형을 키우는 것에 집중하는데, 다른 한 회사는 규모는 작지만 매달 순이익을 보면서 알차게 운영한다. 중소기업 사장인 당신은 어떤 회사를 지향해야 할까?

내 경험으로 볼 때 중소기업은 철저하게 매월 순이익을 챙기면서 키워 나가는 편이 좋다. 매달 순이익이 나는 회사는 그 규모가 작다 하더라도 절대 망하지 않는다. 하지만 회사 덩치를 키우는 것에 집중하다 보면 어느 순간 적자 폭이 상상 이상을 넘어가게 되는 시점이 반드시 도래한다.

오바마가 미국 대통령으로 재직 당시 일본을 방문했을 때, 아베 총리는 그를 '스키야바시 지로'라는 초밥집으로 데리고 갔다. 좌석이 10개에 불과한 이 집에서 식사를 하고 싶으면 이미 수개월 전에 예약을 해야 할 정도로 스키야바시 지로는 세계 최고의 초밥집이다.

가격은 1인분에 30만 원에서 40만 원 남짓할 정도로 비싸지만, 이

곳에서는 손님에게 메뉴 선택권이 없고, 장인 정신으로 무장한 주인 오노 지노 씨가 만들어 주는 초밥만을 먹어야 한다.

이 가게의 초밥이 처음부터 수십만 원을 호가했던 것은 절대 아니다. 처음에는 인근 가게와 비슷하거나 약간 비싼 수준이었을 것이다. 하지만 이곳 초밥에 대한 입소문이 퍼지고 사람들이 줄을 서게 되면서 가격이 꾸준하게 올라가게 된 것이다. 시장 경제에서는 수요와 공급의 원칙에 의거해 가격이 책정된다.

회사도 이 초밥집과 다르지 않다. 회사의 명성이 그 규모를 좌우해서는 안 된다. 모든 혁신 제품들은 작게 시작했고, 그 작은 아이디어가 세상을 흔들고 감당할 수 없을 만큼 매출이 늘어나자 비로소 회사의 규모를 키워 나갔던 것이다. 회사의 외형이 아닌, 순이익에 집중하라.

스마트폰을 활용한 사장의 시간 관리

대기업의 대표나 임원들과는 달리 중소기업의 사장들은 보통 비서가 없는 경우가 많다. 허리띠를 졸라매도 죽네 사네 하는 판에 비서까지 둘 형편이 되지 않기 때문이다. 이럴 경우 중소기업 사장에게 좋은 팁이 있는데, 스마트폰 앱들을 비서처럼 활용하는 것이다.

사장들은 평소에 많은 사람들을 만난다. 영업을 위해서 만나기도 하지만 정보 교류를 위해서도 만난다. 그런데 그 약속이 매일 일정한 시간대에 있으면 좋으련만, 어떤 날은 공교롭게 약속이 몰리기도 한다.

사장의 약속은 중요하다. 만나는 상대방들의 격이 있기 때문이다. 그러한 상대방에게 약속을 지키지 못하는 것은 약속을 하지 않으니만 못한다. 그런데 바쁜 사장들은 가끔씩 약속을 잊어버리기도 한다. 이러한 약속들을 잊지 않기 위해서 스마트폰의 활용도를 높이면 좋다. 급한 약속들을 미리 정리해 놓는 것이다.

스마트폰에는 다양한 스케줄러 앱들이 있다. 그중에서 인기 많은 앱을 하나 다운로드 받아서 깔아 놓으면 약속 관리에 매우 편리하다. 이왕이면 무료 버전이 아닌, 유료 버전을 사용하길 권하는 바이다. 무료 버전은 하단에 매번 광고가 붙어서 나오는데, 스마트폰 조작을 하는 중에 실수로 클릭을 하게 되면, 광고 페이지로 넘어가서 시간도 손해 보고 불편도 가중된다. 유료라고 해 봤자 고작 1,000원에서 2,000원에 불과하므로 커피 한 잔 값도 안 되는 돈으로 평생 그 앱을 쓸 수 있다. 문자로 비서 역할을 해 주는 앱도 있다. 컴퓨터 사용이 익숙하지 않은 사장들이 활용해 보면 좋을 것이다.

운전 중에는 음성인식 기능을 활용해 메모장에 약속을 저장하고, 운전을 마치고 난 후 그 내용을 앱에 다시 옮겨 적으면 약속을 잊어버리는 빈도수가 줄어들 것이다. 그럴 때에는 도착시간에 맞춰서 알람을 음성으로 켜 두면 좋다.

예를 들어 거래처 J 사장과 만나자는 통화를 마친 후에 음성인식 앱을 켜서 "5월 31일 J 사장님과 저녁식사 있습니다"라고 말한다. 이렇게 음성인식 기능을 통해서 메모장에 내용을 남긴 후, 도착 예정 시간에 맞춰서 다시 음성인식을 예약하는 것이다. "30분 후에 알람 부탁해"라고 하면 스마트폰이 인식해 30분 후에 정확히 알람이 울린다. 그러면 목적지에서 내려서 바로 약속을 정리할 수 있다.

그리고 웬만한 모임 관리는 카카오톡의 단체방이나 네이버 밴드로 하는 것이 좋다. 이 앱들은 단체 문자를 보내지 않아도 되고 실시간으로 서로 이야기를 하면서 약속 잡는 것이 가능하다.

스마트폰에서 사용하기에 좋은 문서는 네이버 드라이버나 구글 드라이버다. 구글의 웹문서 기능을 활용하면 컴퓨터 화면에서 작업하던 것을 그대로 스마트폰으로 옮겨다 준다. 이것은 대중교통이나 지하철로 이동하게 될 때 편리하게 사용할 수 있다. 이 글도 구글 문서를 통해서 작성하고 있는 중이다. 컴퓨터를 사용하다가 프로그램이 다운되어도 상관없다. 실시간으로 저장해 주기 때문이다.

3명 이상의 사람들과 원격 회의를 하고 싶을 때 카카오톡의 그룹콜 기능을 이용하면 다자간 통화가 이루어져 매우 편리하다. 그리고 SNS는 주로 페이스북 하나로 집중시키는 편이 좋다. 트위터나 인스타그램도 페이스북으로 연동시켜 관리하면 편리하다. 해외에서는 비즈니스맨들이 링크드인을 명함처럼 많이 활용하는 편이어서 해외 거래를 염두에 둔다면 미리 링크드인을 세팅해 두는 것이 도움된다.

업무뿐만이 아니다. 사장이 회사를 잘 운영하기 위해서는 늘 책을 곁에 두고 공부해야 한다. 하지만 바쁜 사장들은 책 읽을 시간이 부족하다. 이런 경우에는 책 읽어 주는 '오디오 북' 앱 하나면 충분하다.

운전기사가 딸린 대기업 사장들과는 달리 중소기업 사장들은 자가 운전자가 많은데, 운전하면서도 평소 관심이 있던 경영경제서나 문학

책을 들을 수 있다. 눈은 운전에 집중하고 귀만 열면 된다. 오디오 북 앱은 바쁜 사장들로 하여금 책을 접하게 해 주는 매우 유용한 서비스다.

또한 사장에게도 휴식이 필요하다. 가끔 우울한 날에는 억지로 웃음이 필요할 경우도 있다. 이런 날에는 팟캐스트 서비스를 추천한다. 스마트폰에서 팟캐스트를 검색해 들어가면 각종 채널들이 있는데, 나와 같은 경우 컬투쇼를 즐겨 듣는다. 시간이 없을 경우에는 레전드 시리즈만 골라서 듣는다. 듣다 보면 정말 마음껏 웃을 수 있다. 이렇게 기분 전환을 하고 나면 해결이 안 될 것 같은 일들도 술술 풀리는 경우가 있다.

택시 앱도 잘 활용하면 좋다. 특히 카카오택시의 경우 택시기사의 GPS가 켜진 상태에서 운행되기 때문에 가장 근거리에 있는 택시가 올 뿐더러 매우 친절하기까지 하다. 택시를 타고 나면 기사의 태도에 대한 평점까지 매길 수 있어서 유용하다. 특히 새벽에 귀가 시 여성들은 부모님이나 남자친구의 핸드폰에 자신의 동선을 알릴 수 있어서 안전 귀가에도 도움이 된다. 대중교통을 이용할 때는 버스 앱이나 지하철 앱을 보면 미리 도착시간을 알 수 있다. 또한 실시간 교통정보를 알려 주는 앱을 이용하면 현재의 도로 상태를 확인할 수 있어서 약속 시간에 늦지 않을 수 있다.

이 밖에도 영어 공부를 해야 하는데, 학원에 갈 시간이 없다면 스마트폰을 활용해 점심시간에도 공부를 할 수 있다. 바둑도 스마트폰으로 둘 수 있으며, 영화 예매도 앱 하나면 충분하다. '멜론'이나 '도시

락' 같은 음악 전문 앱을 통해서는 최신 음악을 들을 수 있다.

또한 직원들에게는 카카오톡을 통해서 커피 교환권을 선물해 줌으로써 사기를 진작시킬 수 있다. 이것은 카카오페이를 이용해 쉽게 결제할 수 있다. 그리고 네이버에서 쇼핑할 때는 네이버페이가 편리하다. 또한 거의 모든 해외 사이트에서는 페이팔 한 군데만 등록되어 있으면 편리하게 결제가 가능하다.

그리고 해외 출장 시 '에어비앤비'를 통하면 현지 주택이나 콘도에서 저렴하게 숙박을 해결할 수 있다. 음식 배달은 배달 앱을 활용하면 된다. '배달의 민족'이나 '요기요' 같은 배달 앱을 활용하면 직원들에게 일일이 저녁을 시켜 달라고 하지 않아도 경쟁력 있는 사장이 될 수 있다.

시대가 바뀌었다. 사장이 직원보다 더 많이 알아야 하는 사장 만물박사의 시대다. 빠르게 변화하는 세상에 적응하지 못하는 사장은 구석기시대의 공룡 화석 취급을 받는다.

회사의 돈을 사장의 돈이라고 착각하지 마라

'수백억대 비자금 조성한 대표이사 구속'

이런 언론기사를 간혹 접하게 된다. 횡령이나 배임 등은 대기업에만 해당하는 이야기로 중소기업 사장인 나와는 전혀 상관없다고 생각하는 사장들이 많을 것이다. 대기업처럼 회사가 상장된 것도 아니고 주주총회를 걱정할 필요가 없는 중소기업에 불과하다고 생각하기 때문이다. 이로 인해 사장 자신과 회사를 동일시하는 경우가 종종 있다. 그래서 '회사 돈이 내 돈이지 남의 돈은 아니지 않는가' 하는 생각은 어쩌면 자연스러운 것인지도 모른다.

사업 시작 전에 개인사업자로 할지, 법인사업자로 등록할지 결정해야 한다. 개인사업자는 법인사업자에 비해 횡령이나 배임에서 자유롭지만 이익에 관하여는 최고 40%까지 누적세율을 부담한다.

반면에 법인사업자는 개인사업자와 비교해서 상대적으로 세금(법인세)이 저렴한 편이고, 법인에 대한 혜택도 다양하게 받을 수 있다. 법인 소유의 콘도미니엄이나 차량, 골프 이용권 등 법인의 자산을 자연스럽게 업무에 활용할 수 있도록 제도적으로 보장해 준 것이다. 대신에 이렇게 국가에서 법인에 대해 세제 혜택을 준 만큼 비용 사용에 대한 엄격한 근거와 기준을 필요로 한다.

그리고 법인사업체와 그 운영주체인 대표이사는 철저히 구분되어 있다. 사장이라고 해서 함부로 법인의 돈을 자신의 개인 통장으로 옮겨서는 안 된다. 그렇게 되면 그 돈은 횡령으로 처리가 된다.

매출이 저조해 회사 통장에 돈이 없어서 자신이 개인적으로 모아 놓은 돈을 회사 통장으로 옮겨 놓은 다음 그 돈으로 직원들 월급을 처리했던 경험들이 작은 회사 사장들이라면 거의 대부분 있을 것이다.

직원들 월급날은 다가오는데 회사 통장에 돈이 없으면 사장의 심정은 정말 말로 표현할 수 없을 정도로 괴롭다. 그렇다고 월급을 밀릴 수도 없으니 자연스럽게 자신의 개인자금을 회사 계좌로 이체한 뒤 한숨을 돌린다. 이렇게 몇 번 거래를 하다가 회사가 정상궤도에 들어섰을 때, 사장의 개인자금을 회사 통장으로 입금했으니 그 금액만큼 사장이 사용해도 된다고 생각하기 쉽다. 하지만 이것은 절대 주의해야 한다.

사장이 법인 계좌에 입금한 것은 대표 가수금으로 처리된다. 만약 동일한 금액이 사장의 개인 계좌로 다시 출금된다면 대표 가지급금과 가수금으로 상계 처리하면 된다. 자녀나 타인의 계좌로 출금이 될 경우에도 근거 서류를 준비하는 것이 좋다.

개인사업자를 법인사업자로 전환한 후 고객으로부터 대금을 입금받을 경우 과거 개인사업자 때처럼 개인 계좌로 입금받거나 현금으로 받게 되면 문제가 발생되기 쉽다. 잘못하면 매출 누락으로 처리되어 법인세와 부가세가 부과된다. 또한 추가로 납부 불성실에 대한 가산세도 부과된다. 그리고 누락을 한 법인의 대표자에겐 누락 금액만큼 개인소득세가 따로 부과된다. 자칫하다가 세금 폭탄을 맞을 수 있다.

사장이 회삿돈을 사용하고자 한다면 반드시 영수증을 챙겨 근거를 남겨야 한다. 사장이 회사 이익을 지분에 따라 가지고 갈 때에도 반드시 급여나 배당에 의해서 국가에다 정확히 세금을 내고 가지고 와야 한다.

친인척을 멀리하라

'절대 친인척을 뽑지 마라'

사업에도 성경에 나오는 십계명처럼 반드시 지켜야 할 철칙이 있다면 아마 넘버 쓰리 안에는 들어갈 조항이다.

사업이 좀 자리를 잡아 가게 되면 "네가 우리 집안의 장손인데, 너희 회사에 동생들을 뽑아서 쓰면 좋지 않겠니?" 하시면서 집안의 어른들이 은근 압력을 가하기 시작한다. 이어 친인척들이 처음에는 회사가 얼마나 성장했는지 슬쩍 물어보고, 그러다가 나중에는 자신의 자녀를 추천한다. 이 때문에 나도 사업 초기에는 가끔 친인척을 소개받았다. 그런데 친인척을 우리 회사의 직원으로 뽑는 순간 그냥 은행에서 대출받았다고 생각하면 계산이 쉽다.

A 사장이 강남에 디자인센터를 열었다고 해서 그 사무실 개소식에 찾아간 적이 있었는데, 사장의 방에 유난히 친척들이 많았다. A 사장은 그들이 본부장에서부터 경리까지 다양한 직책을 수행하고 있다고 하였다.

친척들이 많은 회사는 절대 사장의 뜻대로 운영될 수가 없다. 사촌 형제와 이모부의 조카까지 너도나도 한자리씩 맡아서 거들먹거리기 시작하면 회사는 순식간에 공중분해가 되고 만다. 실제로 A 사장은 3년 후에 사업을 정리했다.

친인척들은 사장과 동격이라고 생각한다. 사장과 직원은 공적 관계이지만, 친인척 관계는 대표적인 사적 관계다. 공적인 영역과 사적인 영역이 겹쳐질 때 사업 운영이 어려워진다.

우리나라 정서상 1년에 최소한 두 번(설, 추석)은 가족들이 한자리에 모이게 된다. 같은 회사에 근무하다 보면 당연히 직급이나 처우에 대한 이야기가 나올 수밖에 없다. 공적인 회사 업무가 아닌, 개인적으로 섭섭한 부분을 토로하고 거기에 집안 어른들까지 나서서 참견을 하신다면 사장으로서는 참으로 곤란해진다. 사장의 결정권을 벗어난 사람이 회사에 존재한다는 것은 엄청난 비효율이다. 이런 비효율이 생기는 것을 사전에 막아야 한다.

그리고 친인척을 옆에 두면 회사 내의 직원들 간 형평성과 특혜의 문제가 대두된다. 업무 능력이 뛰어난 사람을 승진시키는 것이 마땅한 데도, 친인척들에게는 아무래도 팔이 안으로 굽을 수밖에 없다. 능력보다는 사적인 관계가 대두되면 회사 내 사장에 대한 신뢰는 떨어지게 마련이다.

　나의 경우는 친인척은 아니었지만 지인을 채용한 적이 있었다. 어머님의 부탁으로 어머님 친구분의 자제를 채용했었는데, 그 친구는 잦은 지각은 기본이었고, 업무 처리도 엉망이었다. 하지만 해당 부서의 팀장이 그 직원에 대해 나에게 불만을 제기했을 때 나는 그 의견을 바로 들어주지 못하고 조금 주저했었던 기억이 있다. 그나마 다행이었던 것은 그 사람이 우리 회사에 아주 짧은 기간 동안만 근무를 해 주었다는 것이다.

　직장 내에서의 관계는 수평적 관계가 되기 어렵다. 누군가는 업무를 지시하고, 또 다른 누군가는 그 업무에 대한 평가를 받는다. 그리고 그 결과에 따라 급여가 달라질 수 있다. 때문에 남들로부터 수평적 관계로 오해받을 수 있는 사람들과 일을 하는 것은 업무에 지장을 주게 된다.

　"친구랑은 동업하지 말라"는 이야기도 그와 비슷한 맥락이 아닐까 한다. 자유롭게 자신의 일을 하도록 하는 것은 좋지만, 누군가는 책임을 져야 하기 때문에 무조건 수평적으로 놔두면 효율적인 조직을 운영하는 데 어려움이 아주 많다.

　B 사장의 경우 형인 본인이 먼저 사업을 했고 집에서 놀고 있는 동생을 부모님이 취직시켜 주라고 해서 동생과 함께 일하게 되었다.

　그런데 현재는 형과 동생이 의절 직전에 와 있다. 동생이 형네 회사에서 근무했던 직원 몇몇과 함께 퇴사를 해서 형과 동일한 사업을 하고 있기 때문이다. 이것은 법정 싸움으로까지 갔다. 차라리 동생을 그 회사의 직원으로 뽑지 말고 가끔 생활비만 챙겨 주었더라면 형 동생 간의 관계에 아무런 이상이 없었을 것이다. 이처럼 친인척을 회사에 끌어들여서 함께 일하는 것은 위험한 행동이다.

물론 좋은 인재를 지인을 통해서 추천받는 것은 중소기업에서는 괜찮은 채용 방법이다. 하지만 앞서 설명한 친인척 채용은 그것과는 다른 차원이니 오해 없기 바란다. 혹시라도 지인을 뽑게 되더라도 업무를 하면서 서로 맞지 않으면 당연히 해고가 될 것이라고 미리 확실하게 언질해 주는 것이 좋다.

채권 회수는
사업의 기본이다

사업 초기에 들은 말 중에 가장 인상 깊었던 것이 "사업이 안 돼서 회사가 망하는 것보다 거래처로부터 돈을 못 받아서 망한다"는 말이었다.

사업을 시작하고 경쟁력이 생기면서 거래처가 늘어났다. 그런데 거래처가 많아지다 보니 거래를 완료했음에도 대금 결제가 안 되어 있는 경우가 가끔 있었다. 일을 다해 놓고 정작 그 비용을 청구하지 않으면 그것은 고스란히 회사의 손해로 귀착된다.

이럴 때 거래처에서 왜 아직까지 비용 청구를 하지 않고 있느냐고 먼저 물어보고, 밀린 대금을 지불해 주는 경우는 거의 없다. 그래서 일을 마치고 난 후에는 대금 청구를 바로 해야 한다. 시간이 한참 지난 후에 채권을 회수하기란 정말 어렵다.

　채권 회수가 잘 되지 않는 이유는 우리나라 특유의 양반문화가 자리 잡고 있기 때문이다. 일을 다해 주고 나면 정당한 대가를 받는 것이 당연한 일임에도, 직원들 중 일부는 거래처에다 돈에 대해 먼저 말하길 꺼린다. 직원들에게 채권 회수가 '업무의 피날레'라고 하는 것을 반드시 인지시켜 주어야 한다.

　그나마 우리 회사 같은 경우에는 대부분 선불을 받고 일을 진행했기에 그런 일이 적었다. 하지만 대부분의 회사는 그 원칙을 지키기가 힘들어 후불로 대금을 결제받아야 하는 경우가 생긴다. 이때 대금 결제를 청구하는 것은 1차적으로 해당 영업사원의 몫이다. 일선에서 언제 대금 청구를 해야 할지 제일 잘 알고 있는 사람이기 때문이다.

　만약 해당 영업사원이 그것을 잊어버리는 경우 그 채권 부분은 회사의 회계팀에서 챙겨야 한다. 이런 부분은 전산시스템으로 기재를 해 주면 된다.

　전산이 준비되어 있지 않다면 수기로라도 반드시 장부에 정리를 해 두어야 한다. 반드시 전산으로 기재해야 할 필요는 없고, 장부와 달력에 적어 두고 챙기면 된다. 전표든 장부든 상관없이 사장이 회사 채권에 대해서 정확하게 파악할 수 있게끔만 해 놓으면 된다. 회사 내 시스템 속에 이렇게 채권관리 일정을 녹여 넣어야 한다.

　만약 이러한 시스템에 오류가 생긴다면, 그것을 미처 확인하지 못한 사장의 책임이다. 사장은 이런 시스템이 제대로 잘 운용되고 있는지 반드시 확인을 해야 한다.

  채권 회수의 타이밍을 놓치고 나서 향후 감사를 통해 그 부분이 발견되면 난감한 상황이 발생된다. 담당 직원에게만 그 책임을 묻는 것도 모양새가 좀 그렇다. 회사의 시스템에서 못 챙긴 부분도 있기 때문이다. 그렇다고 회사가 고스란히 그 부분을 떠안을 수도 없다. 회사의 손해가 분명히 발생되었고, 그 귀책사유가 분명히 담당 직원에게 있기 때문이다. 그야말로 진퇴양난의 상황이 펼쳐진다.

  행여 일을 잘하고 있는 직원에게 전부 손해를 책임지도록 하면 그 직원의 사기가 떨어질 것이 분명하다. 또한 책임 추궁을 심하게 하면 그 직원은 회사에서 마음이 떠난다. 그래서 이렇게 대금 청구 타이밍을 놓치게 되면 직원을 질책하기가 정말 어렵다. 그렇다고 그 담당 직원에게 책임을 묻지 않으면 회사가 치러야 할 손해가 막심하다. 뿐만 아니라 이러한 일이 한 번이 아니라 지속적으로 반복해서 발생할 수 있다는 데에 더 큰 문제가 있다.

  나 또한 이런 문제로 고민한 적이 있었다. 그래서 고민 끝에 회사 내에 관련 규정을 만들었다.

  대금 결제와 관련한 문제가 발생되면 그걸 발생시킨 사람에게 1차적인 책임이 있다고 확실히 못 박았다. 그래서 만약 미수금이 발생하게 되면 해당 직원으로 하여금 인센티브에서 일정액을 공제하는 것으로 책임 지우게 했다. 그렇지만 그 직원은 회사 소속이니 회사도 일정 부분 책임이 있다고 공표했다.

그래서 경영지원팀을 통해서도 특정 금액 이상의 돈이 결제되지 않았을 경우, 무조건 챙기도록 하였다. 또한 1개월이 지나도 대금이 미청구되면 경고 메시지가 울리도록 전산 시스템을 수정하였다. 그리고 채권 및 거래처 관리를 위해서 CRM 시스템을 만들었다. 이는 Customer Relationship Management의 약자로 '고객관계관리'라고도 한다.

회사를 지속적으로 운영해 나갈 생각이라면 거래처 관리 시스템은 무척 중요하다. 거래처별로 거래 현황과 채권 채무의 유무 등이 한눈에 파악되면 그만큼 의사 결정이 손쉬워진다. 물론 중소기업에서 그 정도까지는 필요하지 않을 수도 있다.

이렇게 규정을 손보고 나자 미청구된 결제 대금이 확실히 줄었다. 물론 이렇게 하고도 앞에서는 직원에게 책임을 물리더라도 뒤에서는 보전해 준 경우가 많았다. 이것 또한 직원의 사기를 높여 주고 회사의 경각심을 높이는 차원이었다.

사업을 하다 보면 특정 팀의 매출이 갑자기 확 올라가는 기분 좋은 일을 경험하기도 한다. 팀 매출이 오르면 해당 팀장과 팀원들의 사기가 하늘을 찌를 듯이 올라가고 주변 동료들도 덩달아 기분이 좋아진다. 혼자서 일하는 것과는 달리 함께 단결해서 뭔가를 만들어 나간다는 연대감을 만끽할 수 있다.

하지만 사업을 하는 데 있어 항상 장밋빛 미래가 펼쳐지는 것만은 아니다. 한번은 우리 회사의 매출은 오르는데 순이익의 증가율이 저

조한 적이 있었다. 매출이 증가하는 것과 비례해 해당 팀의 외상매출금도 같이 증가하고 있었던 것에 원인이 있었다. 더불어 그 고객사를 위해서 투입되는 아웃소싱 규모도 커지고 있었다. 쉽게 말해서 들어오는 돈보다는 나가는 돈이 더 많이 증가하고 있다는 것이었고, 그 금액이 상당하였다.

나는 당장 회의를 소집해 고객사의 리스크를 다시 한번 면밀히 검토하도록 지시했다. 그러고는 월 상한액을 정하고 일정 금액 이상의 채권 관리 및 아웃소싱을 회사에서 처리하기로 했다.

그러자 고객사에서 자기네 회사가 튼튼해서 망할 회사도 아닌데, 우리 회사의 채권 관리가 너무 빡빡하다며 거래처를 바꾸겠다고 엄포를 놓았다. 약간 걱정이 되었지만 우리는 원칙을 지키기로 했다. 다른 거래처로 옮겨도 좋다며 최후의 마지노선까지 와 있음을 고지했.

그 고객사가 떨어져 나가도 다른 고객사로 메꾸면 된다고 직원들과 이미 논의를 마친 후라 마음은 편했다. 결국 그 고객사는 거래처를 다른 곳으로 옮겼다. 하지만 채 1년이 지나지 않아서 그 고객사는 부도가 났으며, 그곳과 거래하던 회사 또한 거액의 돈을 받지 못해 휘청거린다는 이야기를 건네 들었다.

눈앞에 놓인 돈만을 쫓다가 채권 관리가 제대로 안 돼서 문을 닫는 회사가 의외로 많다. 채권을 회수하지 못한 경우, 상대 회사의 입출금 계좌에 가압류를 걸면 채권을 보전받을 수 있다. 돈을 일부러 주지 않는 악덕 업체에게 사용할 수 있는 매우 편리한 방법이다. 대다수의 채권 관리 업체들이 즐겨 쓰는 방법이기도 하다. 혹시 "압류하는 데 시간이 너무 오래 걸리는 것 아니냐?"라고 반문할지도 모르지만 매우 빠르게 절차가 진행되니 걱정하지 않아도 된다.

하지만 개인들과의 채권 관리는 생각보다 시간이 오래 걸린다. 개인의 경우, 그 사람의 재산 압류 절차를 거쳐야 하기 때문이다. 그 부분은 유의해서 진행하면 될 듯싶다.

채권 회수는 일한 부분에 대한 정당한 대가다. 그 대가를 제대로 치르지 않는 고객을 상대로 당당히 청구하는 문화를 만들고, 채권 회수는 자랑스러운 일이라는 것을 직원들에게 반드시 주지시켜 주길 바란다.

마치는 말

편히 쉴 날을 기대하며

사업을 하면서 대한민국 최고인 차량인 에쿠스도 몰아 보았고, 대한민국에서 유명하다고 하는 골프장도 모두 가 보았다. 최고급 레스토랑과 일식집에서 가장 좋은 식사도 해 보았다.

하지만 이러한 화려한 겉모습과는 달리 사업을 하는 내내 나는 회사의 현금 흐름에 대해 걱정하고, 외부환경의 변화가 회사에 미칠 영향을 걱정하였다. 또한 유능한 직원들이 '더 좋은 조건을 제시하는 회사로 옮겨 가지 않을까?' 하며 노심초사하기도 하였다. 사업을 하면서 뒤통수도 여러 번 맞아 보았다. 제대로 쉬어 본 적이 없었던 것이다. 지금도 가끔 내 머릿속이 멍할 때가 있는데, 비즈니스 전쟁을 치러 본 사람만이 느끼는 고통이다.

에베레스트는 정상에 오른 것이 영광이 아니라 무사히 내려온 사람에게 그 영광이 주어진다. 비즈니스도 마찬가지라는 생각이 든다. 사장들 또한 정상에 잘 올랐으면 무사히 내려오는 것도 필요하다. 그런 면에서 보면 나는 정상에 올랐었고 하산에도 무사히 성공했다. 이제 나의 새로운 목표는 작가로 밥 먹고 사는 것이다. 사람에게 일은 노동이자 휴식의 근원이다. 물론 글을 쓰는 건 쉽지 않은 직업이다.

글을 쓰는 것은 다른 차원의 고통이다. 글을 쓰는 동안 지난 시간들이 마치 영화필름을 감듯이 머릿속을 스치고 지나갔다.

작년 초부터 시작한 글쓰기는 사업을 하는 중간중간 짬을 내 썼다. 일이 없는 휴일에는 카페에 앉아서 글을 쓰기도 했다. 어느 날은 진도가 잘 나가지 않아서 3~4시간 동안 한두 줄밖에 쓰지 못했던 적도 있었다. 한 권의 책이 만들어지는 과정은 한 명의 자식을 낳는 것과 같다. 그만큼 기쁨이 넘치기도 하고 고통스럽기도 하다. 그렇지만 단 한 명의 독자라도 내 글을 읽고 도움을 받는다면 계속해서 글을 쓸 예정이다.

작년 여름을 기점으로 15년간 했던 사업을 정리하고 이곳 캐나다 토론토에서도 180km나 떨어져 있는 작은 시골 마을에서 칼리지를 다니고 있다. 가끔 내가 이렇게 한가롭게 지내도 되는지 스스로에게 깜짝깜짝 놀라곤 한다. 나는 지금 쉬는 연습이 필요하다.

한국에 계신 어머니, 어느덧 세 번째 책이네요. 저를 이렇게 멋지게 키워 주셔서 감사합니다. 미국에 있는 내 동생 수연아 건강해라.

Hello, Friends & Professors

Thank you for being my friends in here and teaching nice greatly.

I have told you I would publish this book in Korea this year.

Jeff & Bonnie, Ken, Jeremy at Belleville & Jackie, Shelly, Ashley, Ali, Lee at Loyalist College

From Brian Choi in Belleville, Canada

July 2017

편히 쉴 날을 기대하며

모두가 기다린 베스트셀러!

아기곰의 재테크 불변의법칙

「How to Make Big Money」 전면 개정판

아기곰 | 신국판 | 312쪽 | 16,000원

국내 최대 부동산 커뮤니티 '아기곰 동호회 (http://club.joinsland.com/아기곰)'를 이끌고 있는 아기곰의 역작!
"이 책을 통해 나는 경제적 자유를 얻었다"

아기곰 님과 닥터아파트가 인연을 맺은 것은 14년 전인 2003년 초였다. IMF 이후 비관론이 난무하던 시절, 혜성과 같이 나타나 많은 사람에게 영감을 안겨 주었던 그때 나온 책이 『How to Make Big Money』였다. 아기곰 님은 부동산 투자의 실전 경험과 이론을 겸비한 전설과도 같은 분으로서 초보자가 경제적 자유로 갈 수 있는 명쾌한 답을 이 책을 통해 제시한다.

_닥터아파트 오윤섭 대표

빠송은 2003년 아기곰 님의 『How to Make Big Money』로 부동산 투자를 시작했다. 현재 부동산 업계에 있는 대부분의 전문가 분들도 마찬가지일 것이다. 지난 14년 동안 아기곰 님을 통해 많은 부동산 전문가들이 탄생했듯이, 이 책이 출간된 2017년 이후로도 훌륭한 아기곰 제자들이 탄생될 수 있을 것이다. 재테크 성공을 위한 탄탄한 이론과 부동산 실전 투자를 위한 검증된 지침이 필요한 모든 부동산 관심층에게 아기곰 님의 명저 『재테크 불변의 법칙』을 강력 추천한다.

_김학렬(빠송), 『대한민국 부동산 투자』 저자

소위 '흙수저'인 나는 부모로부터 물려받은 빚뿐만 아니라 태도, 정보, 경험, 인맥의 빈곤을 넘어서기 위해 고군분투하는 과정에서 아기곰 선생님을 만났다. 돈에 관한 생각의 패러다임을 바꾸어준 선생님의 강연 덕분에 이제는 경제적 독립을 넘어서 경제적 자유를 향해가고 있다. 아기곰의 수십 년 노하우의 결정체를 담은 이 책이 인쇄되기만 하면 돈 때문에 고생하는 사회 초년생 남동생에게 쥐어줄 생각이다.

_김수영, 『멈추지마 다시 꿈부터 써봐』 저자

우리나라 대표 재테크 전문가 7인의
2017 투자 전략

재테크 트렌드 2017

아기곰, 정철진, 성종수, 신방수, 한정숙, 박수진, 김한성 지음 | 신국판 | 280쪽 | 15,000원

세테크 전략에서부터 부동산 투자와 경매, 금리와 환율, 상가 투자, 중국 주식 투자와 홍콩 창업까지 **2017년 투자 전망!**

수도권 시장을 중심으로 급격히 회복되고 있는 투자 심리가 2017년 상반기에도 이어질 가능성이 높으므로, 공급이 많은 지역과 입지가 떨어지는 지역을 피해 전세가가 비싼 지역을 공략하라.

_아기곰(『아기곰의 재테크 불변의 법칙』 저자)

2017년은 금리와 환율, 그리고 투자(재테크)의 상관도가 극단적으로 높아지는 그런 한 해이다. 미국이 저금리 기조를 유지하고 원·달러 환율이 하락한다면 초공격적인 투자에 나서야 한다는 뜻이지만, 이와 반대라면 무조건 현금을 내 손안에 쥐고 있어야 한다.

_정철진(경제평론가)

서울의 상권지도가 바뀌고 있다. 경리단길, 경리단길과 해방촌길, 이태원-한강진길, 망리단길, 연남동·상수동, 북촌, 서촌 상권 등 핫플레이스(Hot Place)를 선점하라.

_성종수(전 「중앙일보 조인스랜드」 부동산 전문기자)

재산을 지키려면 재테크의 방향을 잡고 그에 따른 세테크 전략을 제대로 수립해야 한다. 2017년의

세금 중에서 가장 큰 화두는 임대소득에 대한 세금이다. 무조건 그것을 줄여라.

_신방수(세무법인 정상 이사)

2014년 말 상하이와 홍콩 거래소 간 증권 상호 연동 시스템인 후강통(滬港通)이 개통된 데 이어, 2016년 말에는 선전과 홍콩 거래소 간 증권 상호 연동 시스템인 선강통(深港通)이 개통된다. 각각의 투자 방식이 다르니 유의해서 투자하라.

_한정숙(현대증권 중국 담당 애널리스트)

2017년은 경매 투자를 하는 데 기회의 시간이 될 것이다. 서울과 인근 지역에서 이주해 오는 수요는 증가하고 있는데, 다른 지역에 비해 여전히 가격이 저렴한, 즉 서울과 다소 거리가 먼 경기도 지역의 경매 물건을 노려라.

_박수진(『부자 파로스의 아이 러브 재테크 카페』 운영자)

홍콩만큼 외국인들이 창업하기에 좋은 환경을 갖추고 있고, 글로벌 창업 아이템이 널려 있는 곳이 없다. 2017년 창업하려면 홍콩으로 가라.

_김한성(홍콩 컨설팅 및 리쿠르트 비즈니스 전문업체 ㈜INNO HAN 대표)

강소기업은 어떻게 만들어지나

초판 1쇄 인쇄　2017년 7월 10일
초판 1쇄 발행　2017년 7월 15일

지은이　최용석

펴낸이　김연홍
펴낸곳　아라크네

출판등록　1999년 10월 12일 제2-2945호
주소　서울시 마포구 성미산로 187 아라크네빌딩 5층(연남동)
전화　02-334-3887　　팩스　02-334-2068

ISBN　979-11-5774-563-0 13320

※ 잘못된 책은 바꾸어 드립니다.
※ 값은 뒤표지에 있습니다.